Début d'une série de documents
en couleur

LE

Baptême de Clovis

ET LA

VOCATION DE LA FRANCE

D'APRÈS LE XII CHAPITRE DE L'APOCALYPSE*

Par F. LUNET, Chanoine.

~~~~~~~~~~~~~~~

Gesta Dei per Francos.

RODEZ

E. CARRÈRE, ÉDITEUR

1896

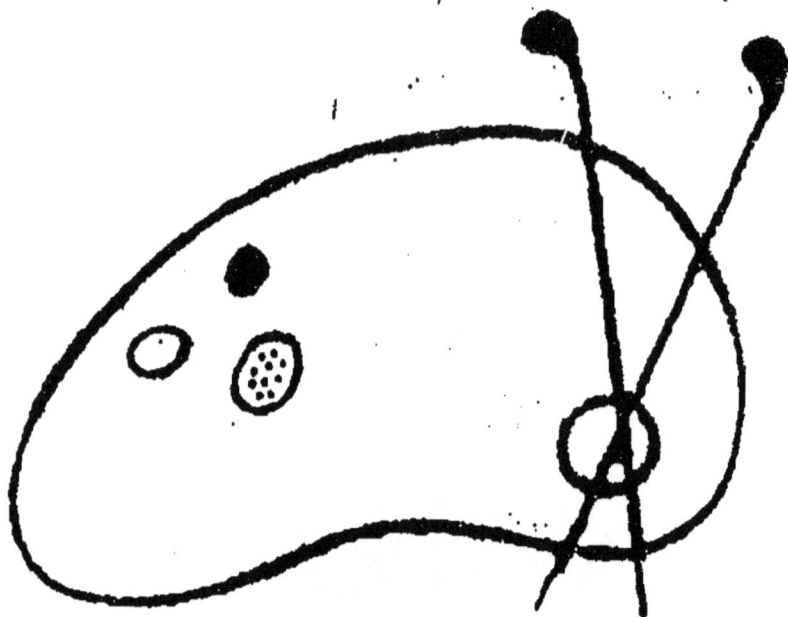

Fin d'une série de documents
en couleur

3
T

LE BAPTÊME DE CLOVIS

ET

LA VOCATION DE LA FRANCE

LE

Baptême de Clovis

ET LA

VOCATION DE LA FRANCE

D'APRÈS LE XIIᵉ CHAPITRE DE L'APOCALYPSE

Par F. LUNET, Chanoine.

~~~~~~~~~~~~~~~

Gesta Dei per Francos.

RODEZ

E. CARRÈRE, ÉDITEUR

1896

L'Église étant l'interprète de l'Écriture Sainte, nous soumettons humblement notre travail a son jugement.

PRÉFACE

Dans le courant de l'année prochaine, nous publierons l'interprétation de l'Apocalypse. Aujourd'hui, afin de coopérer selon nos forces au glorieux centenaire de Reims, nous détachons de notre manuscrit, et nous faisons imprimer à part, le commentaire du XIIe chapitre qui parle du baptême de Clovis et de la vocation providentielle de la France.

Après la chute de l'empire romain, Satan veut établir dans le beau pays des Gaules, le centre de l'empire universel qu'il veut opposer à l'Eglise.

Il a jeté les yeux sur le vainqueur de Tolbiac pour en être le premier monarque.

Il descend avec une grande pompe, à la tête des légions infernales, pour le tenter après son baptême, comme il tenta le Sauveur, et lui offrir le sceptre du monde.

Michel veille sur le néophyte de Reims, repousse l'orgueilleux dragon et le précipite sur la terre avec toute son armée.

Clovis reçoit le baptême des mains de saint Remi et devient le fondateur de la monarchie très chrétienne, qui reçoit pour mission de défendre l'Eglise contre tous ses ennemis. Elle remplira, sous l'Evangile, le rôle de la tribu de Juda, sous la Loi. Le Prince de la milice céleste la protège, comme il protégeait Israël. Si elle est docile aux inspirations de son ange tutélaire, sa gloire sera incomparable, elle marchera en tête des nations et dominera la terre.

Saint Jean raconte sa vocation et le baptême de son premier roi.

Dans le XIIe chapitre de l'Apocalypse, il interrompt la description de l'empire mahométan et des guerres et des massacres qui auront lieu sous son dernier empereur, l'Antéchrist, pour offrir aux fidèles le tableau consolant de l'enfant mâle qui repoussera le croissant.

A l'occasion du XIVe centenaire de ce glorieux événement, les catholiques français seront heureux de lire ces pages palpitantes d'actualité, bien propres, croyons-nous, à ranimer leur foi et leurs espérances.

C'est un commentaire littéral que nous leur offrons. Du premier verset jusqu'au dernier, nous avons suivi le sens naturel et obvie. Afin de le mieux saisir, nous avons constamment rapproché les paroles de l'Apôtre des termes analogues des livres sacrés, interprétant ainsi l'Ecriture par l'Ecriture. Nous avons surtout profité des leçons du plus sûr des interprètes des prophéties, l'événement et l'expérience. A la lumière des faits accomplis, nous avons pu, sans trop de difficulté, expliquer ce chapitre demeuré indéchiffrable pour les anciens commentateurs.

Nous osons espérer que le lecteur sera satisfait de notre interprétation ; elle est claire et basée sur les faits. Dans ce but, nous avons accumulé les citations des historiens relatant simplement les principaux événements de notre vie nationale. Ce rapprochement des faits et du texte sacré éclaire d'une vive lumière nos adages nationaux : *Noël, Noël ! — Gesta Dei per Francos, — Regnum Galliæ, regnum Mariæ, — Vive le Christ qui aime les Francs !* et explique la rage de Satan contre la Fille aînée de l'Eglise. Ne pouvant la détruire, il s'efforce de la révolutionner, de la laïciser, et au milieu des fêtes du centenaire, il pousse la Franc-maçonnerie à élever dans Paris une mosquée en face du Sacré-Cœur, pour insinuer que l'alcoran vaut mieux que l'Evangile.

Jusqu'ici il n'a que trop réussi dans sa haine homicide. Beaucoup de Français, oubliant qu'ils sont chrétiens, suivent de plus en plus les inspirations du plus cruel de nos ennemis, et ne craignent pas d'attirer sur notre noble patrie les vengeances du ciel.

Catholiques, secouez votre torpeur ; écoutez la voix du Souverain Pontife qui vous invite, en cette année mémorable, à renouveler les promesses de votre baptême et à vous unir pour repousser les sectaires qui pervertissent et déshonorent la France.

Prenez la croix, comme vos pères, et repoussez les nouveaux Musulmans : Dieu le veut !

TEXTE

1. Et un grand prodige parut dans le ciel : Une femme revêtue du soleil, ayant la lune sous ses pieds, et sur sa tête une couronne de douze étoiles.

2. Elle était enceinte, et elle criait, se sentant en travail, et elle était tourmentée des douleurs de l'enfantement.

3. Et un autre prodige fut vu dans le ciel : Un grand dragon roux, ayant sept têtes et dix cornes, et sur ses sept têtes, sept diadèmes.

4. Or sa queue entraînait la troisième partie des étoiles, et elle les jeta sur la terre ; et le dragon s'arrêta devant la femme qui allait enfanter, afin [de dé-

vorer son fils aussitôt qu'elle serait délivrée.

5. Elle enfanta un enfant mâle qui devait gouverner toutes les nations avec un sceptre de fer ; et son fils fut enlevé vers Dieu et vers son trône.

6. Et la femme s'enfuit dans le désert où elle avait un lieu préparé par Dieu, pour y être nourrie mille deux cent soixante jours.

7. Et il se fit un grand combat dans le ciel : Michel et ses anges combattaient contre le dragon, et le dragon combattait, et ses anges aussi ;

8. Mais ils ne prévalurent pas ; aussi leur place ne se trouva plus dans le ciel.

9. Et ce grand dragon, l'ancien serpent, qui s'appelle le diable et satan, fut précipité sur la terre, et ses anges furent jetés avec lui.

10. Et j'entendis une voix forte dans le ciel disant : C'est maintenant qu'est accompli le salut de notre Dieu, et sa puissance et son règne, et la puissance de son Christ, parce qu'il a été préci-

pité, l'accusateur de nos frères, qui les accusait devant notre Dieu jour et nuit.

11. Et eux l'ont vaincu par le sang de l'Agneau et par la parole de leur témoignage ; et ils ont méprisé leurs vies jusqu'à souffrir la mort.

12. C'est pourquoi, cieux, réjouissez-vous, et vous qui y habitez. Malheur à la terre et à la mer, parce que le diable est descendu vers vous, plein d'une grande colère, sachant qu'il n'a que peu de temps.

13. Or après que le dragon eut vu qu'il avait été précipité sur la terre, il poursuivit la femme qui avait enfanté l'enfant mâle.

14. Mais les deux ailes du grand aigle furent données à la femme, afin qu'elle s'envolât dans le désert en son lieu, où elle est nourrie un temps et des temps, et la moitié d'un temps, hors de la présence du serpent.

15. Alors le serpent vomit de sa bouche, derrière la femme, de l'eau comme

un fleuve, pour la faire entraîner par le fleuve.

16. Mais la terre aida la femme ; elle ouvrit son sein, et elle engloutit le fleuve que le dragon avait vomi de sa bouche.

17. Et le dragon s'irrita contre la femme, et il alla faire la guerre à ses autres enfants qui gardent les commandements de Dieu, et qui ont le témoignage de Jésus-Christ.

18. Et il s'arrêta sur le sable de la mer.

COMMENTAIRE

—

CHAPITRE Ier

ARTICLE PREMIER

L'ARCHE D'ALLIANCE

Et le temple de Dieu fut ouvert dans le ciel, et l'arche de son alliance y parut, et il se fit des éclairs, des voix, un tremblement de terre et une grêle très forte (1).

Ce verset doit être placé en tête de ce chapitre ;

(1) xi, 19.

2

c'est à tort que les éditeurs l'ont mis à la fin du précédent. Il n'a aucun rapport avec les tempêtes, tandis qu'il sert de préface aux coupes et à toute la quatrième partie qui n'en est que le développement.

Le temple qui est ouvert dans le ciel est le tabernacle qui n'a pas été fait de la main des hommes, le Saint des saints, le véritable sanctuaire qui servit de modèle à celui de Moïse, la Jérusalem céleste où le Sauveur est entré au jour de l'Ascension avec les justes qui l'accompagnaient dans son triomphe, où sa sainte Mère fut transportée en corps et en âme, au jour de l'Assomption.

Et l'arche de son alliance y parut. — L'Arche d'alliance était un *ciste* ou coffre de deux coudées et demie de long, d'une coudée et demie de haut. Elle ressemblait à un autel, à un tombeau, elle était faite de bois incorruptible et recouverte intérieurement et extérieurement de lames d'or. Une couronne d'or environnait sa partie supérieure. Le Propitiatoire, d'or pur, lui servait de couvercle. Son nom d'Arche d'alliance lui venait des deux tables de la loi qu'elle renfermait. Les dix préceptes étaient la condition de l'alliance de Dieu avec son peuple.

Le ciste de bois incorruptible et revêtu d'or, était la figure de la Vierge Immaculée pleine de grâces et de mérites.

Le Propitiatoire, avec sa couronne d'or, représentait l'Homme-Dieu porté par sa mère, le Christ Roi, le Pasteur d'Israël, veillant sur son peuple, répondant à toutes ses consultations et le protégeant contre ses ennemis.

L'Arche était son trône, son char de victoire et de triomphe. Elle reposait dans le Saint des saints et n'en sortait que pour guider Israël dans ses marches, et le précéder dans ses combats. Elle opéra les plus grandes merveilles en sa faveur, refoula le Jourdain pour le laisser

passer, renversa les murs de Jéricho et l'intro-
duisit dans la Terre promise.

Voici que le temple de Dieu s'ouvre dans le
ciel et l'arche sort de son repos. Aussitôt qu'elle
paraît, le tonnerre gronde, la foudre éclate, la
terre tremble, et une grêle épouvantable tombe
avec fracas.

L'Arche va-t-elle donc recommencer ses ex-
ploits ? Certainement non ; son rôle est fini, elle
ne reparaîtra pas (1).

Mais, sous l'illustre symbole, voyez la réalité,
Jésus et Marie, et vous pourrez prévoir ce qui
va arriver, le passé éclaire l'avenir.

Le Sauveur du monde va quitter la droite de
son Père pour venger son Eglise et ramener les
douze tribus converties dans l'héritage de leurs
pères. Un feu sorti de sa bouche consumera les
impies, comme le feu sorti de l'arche consuma
Coré et tous ses partisans.

Une grêle très forte écrasera les armées de
Gog et Magog, comme une pluie de pierres
écrasa les Amorrhéens à la descente de Betho-
ron (2) ; les tremblements de terre renverse-
ront les villes des nations, comme les murs de
Jéricho ; la terre s'entr'ouvrira et engloutira
l'Antéchrist et son prophète, comme elle engloutit Dathan et Abiron ; et les justes, délivrés
de leurs persécuteurs, acclameront avec une
grande joie leur libérateur et chanteront le cantique nouveau, comme les Hébreux, échappés
aux flots de la mer Rouge, chantèrent le cantique de Moïse. *Et le temple de Dieu fut ouvert
dans le ciel, et l'arche de son alliance y parut, et
il se fit des éclairs, des voix, un tremblement de
terre et une grêle très forte.*

Ici le Christ, roi des Juifs, vient au secours
de son peuple sous l'emblême de l'arche ; ail-

(1) Jérémie, iii, 16.
(2) Josué, x, 10.

leurs (1), saint Jean le voit monté sur un cheval blanc et portant de nombreuses couronnes, parce qu'il est aussi le roi des autres peuples, le dominateur de la terre.

Sur le Propitiatoire il y avait deux chérubins : nous pouvons inférer de là que le Sauveur ne viendra pas seul, mais qu'il sera suivi des armées célestes, comme l'annoncent clairement, du reste, d'autres textes.

Nous pouvons inférer, en second lieu, que sa sainte Mère se joindrait au Fils pour écraser la tête du serpent, selon la promesse faite à nos premiers parents. Le 19ᵉ verset ne serait donc qu'une nouvelle édition de l'antique promesse. Remarquons encore que ce verset et le suivant sont les seuls textes de l'Apocalypse qui fassent allusion à la sainte Vierge.

D'après ce qui précède, on voit que le symbolisme du 19ᵉ verset est très riche, qu'il en est peu qui disent autant de choses en si peu de mots, et qui rappellent un passé plus glorieux et annoncent un plus brillant avenir. Il peut servir de préface et d'épilogue à la quatrième partie de l'Apocalypse ; les chapitres qui vont suivre, à partir du XIIIᵉ jusqu'à la fin, n'en seront que le développement. Toutefois, avant de parler des derniers combats du Christ pour son Eglise, saint Jean va dire quelques mots de l'empire mahométan dont l'Antéchrist sera le dernier empereur, et nous faire connaître la vocation et la mission de la France destinée à protéger la chrétienté contre les infidèles. Elle jouera, dans les temps modernes, le rôle de la tribu de Juda dans les temps anciens ; sous l'inspiration de Marie, elle marchera en tête des peuples chrétiens, comme Juda à la suite de l'arche, précédait les tribus d'Israël. Voilà pourquoi l'arche paraît au moment où l'on va

(1) XIX, 10 et 11.

baptiser et sacrer le fondateur de la monarchie française : que ceux qui veulent s'y opposer, redoutent le bras puissant de la reine du ciel !

ARTICLE SECOND

SAINT REMI BAPTISE CLOVIS

Les différents caractères, assignés ici à la femme qui enfante et à l'enfant mâle, conviennent assez à l'Eglise des Gaules et à Clovis. Rapprochons le texte de l'histoire et nous nous convaincrons, en effet, que saint Jean parle dans ce chapitre de la mission de la monarchie française.

1. — *Et un grand prodige parut dans le ciel : une femme revêtue du soleil, ayant la lune sous ses pieds, et sur sa tête une couronne de douze étoiles.* Cette femme c'est l'Eglise, éclatante de la lumière de Jésus-Christ, soleil de justice, portée par la Vierge Marie, miroir de justice, et ayant les douze Apôtres pour couronne.

L'Eglise est l'aide, l'épouse du Christ : *Pro Christo legatione fungimur* (1). C'est en son nom qu'elle distribue ses grâces, applique ses mérites, sanctifie les hommes, et les fait enfants de Dieu. Sans lui, elle ne peut rien faire : *Sine me nihil potestis facere* (2). Aussi a-t-il promis de l'assister jusqu'à la consommation des siècles (3). Dans plusieurs endroits de l'Apocalypse, saint Jean nous le montre fidèle à sa promesse : il l'avertit, il l'excite, il la menace, il la défend, il combat pour elle et envoie son ange pour lui ré-

(1) 2. Cor. v. 20.
(2) SAINT JEAN. xv.
(3) MAT. xxviii, 20.

véler ses secrets. Dans le premier chapitre, il marche au milieu de sept candélabres, emblème des sept églises de l'Asie, et il tient en sa main droite sept étoiles qui sont leurs sept évêques. Ici, il lui est intimement uni, la revêt de sa lumière, la remplit de son amour et de son zèle, pour la conversion des âmes.

Mulier amicta sole : « *Arabicus, induta sole, hoc est Ecclesia circumdata Christo sponso suo : Christus enim est sol justitiæ* (1), *uti apostoli sunt stellæ, quæ suam lucem a sole, id est, Christo, mutuantur. Rursum, Christus instar amictus et vestit, circumdat, amicit et ornat Ecclesiam : unde toties hortatur fideles apostolus, dicens : induimini Jesum Christum* (2). »

La lune sous ses pieds. — La lune soutient la femme, Marie soutient l'Eglise. Par ses mérites et ses prières, elle la conserve et la défend contre toutes les attaques de l'ennemi ; par sa douce influence elle attire les pécheurs et les convertit par les grâces qu'elle leur obtient. Elle aime tendrement tous les chrétiens, les porte entre ses bras, et les presse sur son cœur maternel, comme autrefois son divin Fils.

« *Mulier hic proponitur quasi parturiens, ideo que exprimitur quasi mysticæ lunæ ope adjuta. Nam gentes lunam in partubus implorabant et quasi obstetricem credentes, illam Junonem Lucinam appellabant.... Unde Virgilius ait :*

> *Casta, fave, Lucina, tuus jam regnat Apollo* (3). »

« *Mulier amicta sole ab omnibus pene exponitur sancta Ecclesia* (4). »

« *Dico cum Ambrosio, Ticonio, Primasio, Haymone, Andrea Cæsariensi, Richardo, Beda, Methodio... per hanc mulierem intelligi Ecclesiam... Apparuit in cœlo, non empyreo, nec sidereo, sed*

---

(1) Malach. IV, 2.
(2) CORNEL. A L.
(3) CORNEL.
(4) GAGNÆUS.

*aereo : inde enim mulier hæc volavit in deser-
tum* (1). »

Une femme revêtue du soleil. — C'est l'Eglise
toute éclatante de la lumière de Jésus-Christ (2). »

Il importe de remarquer ici que le monde matériel a été créé sur le type du monde spirituel.
Ce qu'est le Christ, sa mère, ses apôtres et ses
saints, par rapport à l'Eglise, le soleil, la lune et
les étoiles le sont par rapport à la terre. Sous
leur influence, l'une multiplie les enfants de Dieu
et l'autre se couvre de plantes et nourrit de
nombreux animaux (3).

Une femme revêtue du soleil. — Cette femme,
avons-nous dit, représente l'Eglise. Mais sous
quelle forme paraît-elle dans la vision ? Vrai-
semblablement sous les traits de l'évêque qui
doit baptiser *l'enfant mâle ;* c'est-à-dire d'après
notre hypothèse, sous les traits de saint Remi,
archevêque de Reims.

2. — *Elle était enceinte, et elle criait, se sentant
en travail, et elle était tourmentée des douleurs de
l'enfantement.* — Ces paroles marquent le grand
désir qu'a le saint archevêque de donner un
roi catholique à l'Eglise qui la défende des
incursions des barbares et des persécutions
des hérétiques. Vers la fin du vᵉ siècle, en effet,
nul prince ne la protège. L'empereur de Constantinople, Zénon, est eutychéen, et veut forcer
ses sujets à souscrire une formule de foi hérétique.

L'empire d'Occident s'est éteint avec Augus-
tule, en 475 ; les Vandales ravagent l'église d'A-
frique et envoient en exil, ou font mourir dans
les tourments, les catholiques qui ne veulent pas
embrasser l'arianisme ; Théodoric, maitre de
l'Italie, Alaric de l'Espagne et du midi des Gaules, et Gondebaud, roi des Burgundes, sont éga-

(1) CORNEL.
(2) Ross.
(3) Voir sur ces analogies le règne Millénaire.

lement ariens. Les Francs qui occupent la Belgique, et les autres peuples allemands, qui n'ont pas encore passé le Rhin, sont idolâtres.

Tel était l'état de l'Eglise lorsque, en 481, Clovis, âgé de seize ans, succède à son père Childéric, mort à Tournon. Saint Remi conçoit les plus heureuses espérances de l'avènement de ce jeune prince ; mais ce ne fut que quinze ans plus tard, en 496, qu'il a le bonheur de le voir embrasser la foi catholique et de le baptiser. Pendant quinze ans, les prières et les exhortations du saint archevêque sont inutiles ; Clovis ne peut se résoudre à abandonner le culte de ses pères. Il est plein d'estime pour Remi, admire ses vertus et suit avec docilité ses conseils ; mais il reste idolâtre. Son épouse, sainte Clotilde, n'est pas plus heureuse ; ses larmes et ses supplications ne peuvent vaincre son obstination. Toutefois, saint Remi ne se décourage pas : il espère que la grâce triomphera de sa résistance, et que Dieu illuminera son âme des clartés de la foi ; il redouble donc de prières et de bonnes œuvres pour obtenir sa conversion. *Et in utero habens, clamabat parturiens, cruciabatur ut pariat.*

« Une guerre éclata entre les Alamans et les Francs. Clovis fut alors contraint par les événements à faire ce qu'il avait toujours refusé jusque-là. Au moment où les deux armées étaient aux prises, les troupes franques furent repoussées en tel désordre que les bataillons, refoulés les uns sur les autres, se donnaient mutuellement la mort. A ce spectacle Clovis, ne put retenir ses larmes. Le cœur brisé, il leva les yeux au ciel, en s'écriant : « Jésus-Christ, vous
» que Clotilde appelle le Fils de Dieu vivant, s'il
» est vrai que vous protégez ceux qui vous invo-
» quent et donnez la victoire à vos serviteurs,
» j'implore votre assistance ; si vous me faites
» triompher de mes ennemis, si vous étendez sur

» moi cette puissance dont votre peuple recon-
» naît l'efficacité, je jure de croire en vous et de
» me faire baptiser en votre nom. J'ai prié mes
» dieux, ils ne m'ont point écouté. J'en ai la
» preuve. A vous de m'arracher au péril. » A
peine eut-il parlé ainsi que le combat changea de
face : les Alamans furent culbutés, les Francs
remportèrent une victoire signalée, et Clovis ra-
mena ses troupes sous la tente. A son retour, il
raconta à la reine comment il devait la victoire
à l'invocation du nom de Jésus-Christ (1). »

« Comme il revenait plein de joie de son
expédition, dit Alcuin, Clovis traversa la cité
de Toul, et y rencontra Vedastus (2), vénérable prêtre, qui s'était consacré à la vie con-
templative, et habitait un ermitage sur les bords
de la Meuse. Il voulut s'en faire accompa-
gner jusqu'à Reims, et profita de ses instructions
pour se préparer à l'acte religieux qu'il médi-
tait..... Au passage d'un pont, un aveugle apprenant que le saint prêtre se trouvait dans le cor-
tège du roi, s'écria : « Elu de Dieu, bienheureux
» Védastus, ayez pitié de moi ! je ne vous demande
» ni or ni argent, invoquez le Seigneur et ren-
» dez-moi la vue. »

Le solitaire comprit que Dieu lui accorderait
cette grâce, non point seulement pour récompenser la foi de l'aveugle, mais surtout pour
illuminer l'intelligence d'un peuple entier. Il
se mit en prières, puis, traçant un signe de croix
sur le front de l'infirme, il dit: « Seigneur Jésus,
vous qui êtes la véritable lumière, vous qui avez
guéri l'aveugle-né de l'Evangile, ouvrez les yeux
de cet homme, et que toute la multitude qui
m'entoure comprenne que seul vous êtes Dieu,
que le ciel et la terre vous obéissent.» En ce moment, l'aveugle recouvra subitement la vue et

(1) Greg. Turon. *Hist. Franc.* l. ii. chap. 30.
(2) *Vast, Veaast.*

se joignit à la foule en bénissant le Seigneur (1).

Vedastus accompagna Clovis jusqu'à Reims. « Cependant, dit Grégoire de Tours, Remi, exactement informé par Clotilde des dispositions du roi, achevait de l'instruire de toutes les vérités du christianisme et le pressait enfin de déclarer sa conversion. « Père très saint, lui répondit Clovis, je suis prêt. Pourtant une considération me retient encore ; le peuple qui me suit ne veut pas qu'on abandonne ses dieux. Je vais convoquer les Francs, et je leur parlerai dans le sens de vos instructions. » L'assemblée eut lieu. Sans doute le projet royal était connu de tous, car avant même que Clovis eut pris la parole, aussitôt qu'on le vit paraître, une acclamation générale se fit entendre. Pieux roi, dirent les Francs, nous abjurons le culte des dieux mortels, nous voulons servir le Dieu immortel que Remi adore. Ce bienheureux évêque, en apprenant cette décision nationale, fut rempli d'une grande joie ; il prépara tout pour le baptême solennel (2). »

Plusieurs évêques, entre autres Solemnis, de Chartres, et Principius, de Soissons, joignirent leurs efforts aux siens et lui amenèrent des prêtres pour suffire à l'apostolat d'une armée tout entière. Vedastus continuait à illuminer par ses enseignements le cœur et l'intelligence de cette foule de catéchumènes. Clovis écoutait un jour le récit évangélique de la Passion du Sauveur ; il interrompit la lecture et s'écria : Si j'eusse été là avec mes Francs, j'aurais vengé les injures de mon Dieu.

« Dans la soirée qui précéda la cérémonie du baptême, dit Hincmar, le saint et vénérable Remi passa quelques heures en prière devant l'autel de l'église de sainte Marie, pendant que la reine Clotilde priait elle-même dans l'ora-

(1) ALCUIN, Vit. S. Vedasti. Boll.
(2) GREG. Hist. c. 31.

toire de saint Pierre, à proximité de la demeure royale. Après son oraison, le pontife se rendit près du roi, voulant profiter du silence de la nuit pour donner ses dernières instructions au néophyte couronné. Les *cubicularii* lui ouvrirent les portes et l'introduisirent près de leur maître. Clovis s'avança à sa rencontre, l'embrassa et le conduisit près de la reine, dans l'oratoire du très bienheureux Pierre, prince des Apôtres. On dispose des sièges pour le roi, la reine, les clercs, qui avaient accompagné le pontife, et un certain nombre de serviteurs du palais, seuls témoins de cette scène imposante. Remi, dans une allocution paternelle, résuma pour la dernière fois les instructions évangéliques des jours précédents. Pendant qu'il parlait, une lumière céleste éclata soudain dans l'église, effaçant la lueur des cierges allumés, et une voix se fit entendre qui disait : « La paix soit avec vous. C'est moi, ne craignez point ; persévérez dans mon amour.» Après ces paroles, la lumière surnaturelle disparut et un parfum d'une suavité céleste se répandit dans l'enceinte. Le roi et la reine se précipitèrent aux genoux du saint pontife, en versant des larmes d'émotion et de joie. *Un grand prodige parut dans le ciel; une femme revêtue du soleil, ayant la lune sous ses pieds, et sur sa tête une couronne de douze étoiles... elle criait, et elle était tourmentée des douleurs de l'enfantement.*

» L'homme de Dieu illuminé lui-même de l'esprit prophétique, leur tint ce langage : « Votre postérité gouvernera noblement ce royaume ; elle glorifiera la sainte Eglise et héritera de l'empire des Romains ; elle ne cessera de prospérer, tant qu'elle suivra la voie de la vérité et de la vertu. Mais la décadence viendra par l'invasion des vices et des mauvaises mœurs. » C'est là, en effet, ce qui précipite la ruine des royaumes et des nations. En parlant ainsi, le visage de l'évêque resplendissait de gloire, comme autrefois celui de Moïse. Le législateur évangélique des Francs avait une auréole semblable à celle du chef des Hébreux (1). »

La prière de saint Remi à l'autel de Marie — *luna sub pedibus ejus* — la veille du baptême des Francs, est restée dans la mémoire nationale, et s'est traduite par l'adage chevaleresque et chrétien : *Regnum Galliæ, regnum Mariæ*. La prophétie de l'évêque de Reims, au berceau de la monarchie française, s'est également réalisée au pied de la lettre. Plus la France s'écartera des voies de la vérité et de la vertu, plus elle précipitera sa propre ruine (2).

« Nouveau Constantin, Clovis s'approcha de la piscine baptismale, non pour y être purifié de la lèpre matérielle, mais de la lèpre du péché ; il demanda au pontife le sacrement de la régénération. Remi, avec cet à-propos et cette divine éloquence qui le caractérisait, lui dit : Courbe doucement ta tête, fier sicambre, adore ce que tu as brûlé et brûle ce que tu as adoré. Cette expressive parole frappa tous les cœurs ; on eut dit la majesté du pape Sylvestre commandant au fils de sainte Hélène (3). »

« Or, reprend Hincmar, il advint que le clerc chargé de porter le saint chrême, avait été séparé par la foule, sans pouvoir arriver près de la piscine sacrée. Le pontife, après avoir béni l'eau régénératrice, demanda le chrême pour l'y mêler, suivant l'usage ; il ne s'en trouva point. Remi, les yeux et les mains levées vers le ciel, se mit en prières ; on vit des larmes inonder son visage. Soudain une colombe, au plumage blanc comme la neige, s'approcha de lui. Elle tenait dans son bec, une petite ampoule, pleine de saint chrême. Le pontife l'ou-

(1) HINCMAR, *Vit. Rem.* c. 37.
(2) DARRAS, *Hist. de l'Egl.* t. 14, p. 36.
(3) GREG. I. l. II, 31.

vrit, et il s'en exhala une odeur délicieuse. La colombe disparut au même instant, et le vénérable évêque répandit l'huile sainte dans la piscine baptismale (1). »

Après avoir confessé sa foi à la Trinité, Clovis fut baptisé au nom du Père, du Fils et du Saint-Esprit, et reçut l'onction du chrême en forme de croix. Alboflède, l'une de ses sœurs, reçut aussi le baptême ; et Lanthilde, autre sœur de Clovis, abjura aussi l'arianisme. Enfin, trois mille guerriers Francs sortirent chrétiens du baptistère de l'église de Sainte-Marie de Reims : c'était le 25 décembre 496.

Les évêques des Gaules prirent part en esprit au baptême de Clovis, ne pouvant tous être présents de corps, comme le lui écrivit saint Avit, évêque de Vienne, et, comme tel, sujet de Gondebaud : «... Il ne me fut pas donné d'en être le témoin, et d'y apporter le concours de mon ministère, mais j'y assistais en esprit dans la communion de la joie... Tout retentit de vos triomphes. Vos sujets ne sont pas les seuls à y prendre part. Votre prospérité nous touche nous-mêmes, et nous sommes réellement vainqueurs, toutes les fois que vous combattez... »

Le monde chrétien tressaillit de joie, à la nouvelle de la conversion de Clovis. Le pape saint Anastase II écrivit au roi des Francs en ces termes : « Glorieux fils, votre avènement à la foi chrétienne coïncide avec le début de notre pontificat et nous apporte une joie immense. Le siège de Pierre tressaille d'allégresse, en voyant la multitude des nations remplir le filet que le pêcheur d'hommes, le porte-clefs de la Jérusalem céleste, a reçu mission de jeter dans le monde. Nous adressons à votre sérénité le prêtre Eumérius qui vous transmettra nos félicitations, afin que, connaissant la joie du père,

(1) HINCMAR, *Vit. Remig.* c. 38.

vous la confirmiez par vos œuvres, que vous deveniez notre couronne et que *l'Eglise, votre mère, s'applaudisse des progrès du grand roi qu'elle vient d'enfanter à Dieu.* Soyez donc, glorieux et illustre fils, soyez la joie de votre mère et son rempart inexpugnable. Nos malheureux temps ont vu bien des défections. Notre barque est assaillie, comme dans une tempête, par la malice et la perfidie des hommes. Mais nous espérons contre toute espérance, et nous adressons nos hymnes d'actions de grâce au Seigneur Jésus, qui vous *a arraché à la puissance des ténèbres.* En donnant à l'Eglise un roi tel que vous, il lui assure un protecteur capable de la soutenir et de la défendre. Courage donc, glorieux et bien aimé fils ! que le Dieu tout puissant daigne étendre le secours de son bras sur votre sérénité et sur votre royaume, qu'il *ordonne à ses anges de vous garder dans toutes vos voies,* et vous accorde la victoire sur vos ennemis (1). »

Saint Anastase vient de féliciter Clovis de sa conversion. Quelques années après, son second successeur, saint Hormisdas, établit vicaire apostolique des Gaules, Remi, qui l'a converti et baptisé. Dès la première année de son pontificat, il lui écrit la lettre suivante.

« Nous avons reçu avec joie les félicitations que votre fraternité nous a transmises, et c'est pour nous un bonheur de vous exprimer nos sentiments à votre égard. Il vous appartiendra désormais de veiller à l'exécution des décrets du siège apostolique et des saints canons dans les Gaules. Nous vous confions la charge de nous représenter dans toute l'étendue des états conquis par notre fils spirituel et bien-aimé, le roi Clovis, que vous avez récemment régénéré avec la grâce de Dieu par l'eau du baptême, en des

(1) Saint Anastase II. *Epist. ad Clod.* Labb. *Conc.* t. IV, col. 1282.

circonstances qui ont rappelé la série des prodiges accomplis autrefois par les Apôtres. Le privilège que nous vous conférons ici ne devra préjudicier en rien aux droits ordinaires des métropolitains. Nous voulons augmenter votre dignité personnelle en vous associant d'une manière plus éminente à notre sollicitude pastorale, et nous reposer sur votre vigilance du soin de pourvoir plus efficacement aux besoins généraux des églises des Gaules (1). »

Ces lettres des papes et des évêques montrent la joie universelle qu'éprouva l'Eglise de la conversion du roi des Francs, l'importance qu'on attribuait à son baptême et l'estime singulière qu'on avait pour l'archevêque de Reims que la Providence avait choisi pour coopérer à ce grand événement. Non seulement le Christ illumine de ses clartés son ministre, le remplit de prudence et de sagesse, le doue d'une éloquence persuasive, stimule intérieurement son zèle et sa charité ; il l'assiste encore extérieurement d'une manière visible pour tous les spectateurs. Il l'environne d'une lumière éclatante, orne son front d'une auréole, comme autrefois le législateur des Hébreux ; il parle pour confirmer ses paroles, lui fait apporter du ciel par une colombe le chrême dont il a besoin, et remplit le lieu saint d'un parfum délicieux. Il complète l'œuvre qu'il a commencée à Tolbiac ; à force de miracles et de bonté il veut convaincre Clovis et ses Francs de sa divinité, afin d'en faire des instruments dociles de sa gloire : *Gesta Dei per Francos*. Notre Seigneur, soleil de justice, *revêt donc de sa lumière* Remi, représentant de l'Eglise, *la femme qui doit enfanter*. Sans nul doute, la lune, la sainte Vierge Marie, qui va choisir la France pour son royaume de prédilection, *regnum Galliæ, regnum Mariæ*, ne peut manquer

---

(1) Saint Hormisd., *epis.* i ; *Patr. Lat.* t. lxiii, col. 568. — Voir Darras. Hist. sur cette lettre. t. xiv. p. 200.

d'assister l'archevêque de Reims et lui obtenir les grâces dont il a besoin pour convertir son premier roi ; et si elle ne manifesta pas d'une manière sensible son action, elle est présente d'une certaine façon, car elle reçoit dans ses bras les nouveaux enfants de Dieu, puisqu'ils sont baptisés dans l'église de Sainte-Marie. Les Apôtres sont aussi présents dans leurs succes-, seurs, les évêques, qui forment une brillante couronne autour de Remi et l'aident à administrer le sacrement de la régénération aux trois mille compagnons de Clovis.

De tout ce qui précède, nous pouvons déjà conclure, sans trop de témérité, que le texte que nous commentons ici, fait allusion aux grands événements qui eurent lieu à Reims, le 25 décembre 496, et dont nos pères nous ont transmis le souvenir dans leur cri de joie et dans leur acclamation monarchique : Noël ! Noël ! *Et un grand prodige parut dans le ciel : une femme revêtue du soleil, ayant la lune sous ses pieds, et sur sa tête une couronne de douze étoiles. Elle était enceinte, et elle criait, se sentant en travail, et elle était tourmentée des douleurs de l'enfantement.*

5. — *Elle enfanta un enfant mâle qui devait gouverner toutes les nations avec un sceptre de fer : et son fils fut élevé vers Dieu et vers son trône.* — La qualité d'enfant mâle convient parfaitement au fondateur de la monarchie française. Clovis, en effet, était plein de courage et d'énergie, il avait trente ans, quand il abandonna le culte de ses pères pour embrasser la foi catholique. Il résista longtemps aux sollicitations de son épouse et aux exhortations de Remi, et ce ne fut qu'après une mûre réflexion, et vaincu en quelque sorte par l'évidence et par une intervention divine, qu'il consentit à recevoir le baptême.

Les expressions *d'enfant mâle* peuvent désigner la mâle énergie et la haute raison de Clovis;

mais ils signifient autre chose. Ne nous arrêtons pas à l'écorce du texte ; pénétrons jusqu'à la moelle, et nous en verrons jaillir une lumière caractéristique qui frappera les esprits les moins attentifs. Pour cela rappelons-nous simplement la maxime de notre vieux droit monarchique : *Le royaume de France ne tombe pas de lance en quenouille*, et nous comprendrons que l'*enfant mâle* n'est autre chose que le fondateur de la monarchie française, qui transmettra le pouvoir royal de mâle en mâle, à l'exclusion des femmes. Ainsi la loi salique fixe le vrai sens du verset 5 du xiie chapitre de l'Apocalypse. L'auteur du prologue de cette loi corrobore singulièrement cette interprétation, lorsqu'il affirme que Dieu inspira la loi salique à ses Pères. Les deux textes viendraient donc de la même source ; le même Esprit aurait éclairé le Prophète et le Législateur. Voici ce monument de la foi de nos ancêtres ; après l'avoir lu, nous serons moins étonnés des faveurs que le Christ leur accorde et du rôle qu'il leur réserve.

Prologue de la loi salique. « La nation des Francs, illustre, fondée par Dieu, son auteur, forte sous les armes, profonde en conseil, ferme dans les traités de la paix, noble dans sa taille élancée, d'une blancheur et d'une beauté singulières, hardie, agile et ude au combat, depuis peu convertie à la foi catholique, pure de toute hérésie, lorsqu'elle était encore sous une croyance barbare, avec l'inspiration de Dieu, recherchant déjà la clef de la science, aspirant à la piété, adopta la loi salique dictée par les chefs qui étaient alors les juges des peuples..... Puis, lorsque avec l'aide de Dieu, Clovis le chevelu, le beau, l'illustre roi des Francs, eut, le premier de sa race, reçu le baptême catholique, tout ce qui, dans le pacte primitif, était jugé peu convenable fut amendé avec clarté, et ainsi fut dressée cette constitution sainte. Vive qui-

conque aime les Francs ! Que le Christ garde
leur royaume et remplisse les chefs de la lumière de sa gràce ; qu'il protège l'armée, qu'il
munisse le peuple du rempart de la foi, et leur
accorde les joies de la paix et les jours de la
félicité, lui qui est le Seigneur des conquérants
et le maître des rois. Car cette nation, petite
par le nombre, mais grande par le courage, a
brisé par la force des armes le joug que les Romains faisaient peser sur sa tête. Ce sont les
Francs qui, après avoir reconnu la sainteté du
baptême, ont recueilli précieusement et enchassé
dans l'or et les pierreries le corps des saints
martyrs que jadis les Romains avaient brûlés
par le feu, massacrés par le fer et jetés à la dent
des bêtes féroces. » *Peperit masculum.*

Avec Clovis, Remi baptise ses soldats et leurs
familles. Il a semé dans la tristesse et les
larmes ; il moissonne dans la joie. Il a le
bonheur de voir sortir de l'onde régénératrice
la nation des Francs, l'âme plus pure que les
habits blancs qu'elle a revêtus. Hier esclaves
du démon, aujourd'hui enfants de Dieu et frères du Christ. Hier, impurs, rapaces, cruels,
vindicatifs, sans miséricorde, offrant des victimes à de vaines idoles, aujourd'hui se nourris-
sant du pain des anges et s'efforçant de mettre
en pratique la morale évangélique. La terre,
aux premiers jours du monde, émergeant des
flots à la voix du Créateur, et se couvrant à
l'instant de plantes verdoyantes, de fleurs et de
fruits, ne présenta pas un spectacle aussi beau,
aussi étonnant, que celui du peuple franc sortant des fonts baptismaux, animé d'une nouvelle vie et orné de tous les dons du Saint-
Esprit. Il a cherché d'abord la justice et le règne
de Dieu ; et le Seigneur lui donne par surcroît
la belle terre des Gaules en héritage perpétuel(1).

(1) Locum præparatum a Deo. v. 6.

Déjà il tend son arc et remplit son carquois de flèches pour la délivrer des Visigoths-Ariens qui l'oppriment. On dirait Israël sortant de la servitude d'Egypte et traversant, à pied sec, la mer rouge et le Jourdain, pour aller chasser l'impur Chananéen de la Terre-Promise (1). Mais qu'il y a loin du baptême figuratif qu'il reçut alors sous la conduite de Moïse, à celui que Remi administra à nos pères ! En une seule nuit, il les régénère ; ils passent de la mort à la vie, des ténèbres à la lumière, et, le cœur plein d'espérance et de joie, ils entrent dans leur nouvelle et glorieuse carrière. Les merveilles que le Christ opère ici en leur faveur par le ministère du saint archevêque de Reims, il les renouvellera à Jérusalem pour les Juifs, quand il viendra inaugurer son règne temporel. *Est-ce que moi, qui fais enfanter les autres, je n'enfanterai pas moi-même?* dit-il, par le prophète. *Est-ce que moi, qui donne la génération aux autres, je demeurerai stérile ?* dit le Seigneur à son peuple. *Livrez-vous à la joie avec Jérusalem, exultez en elle, vous tous qui l'aimez ; réjouissez-vous avec elle, vous tous qui pleurez sur elle... De même qu'une mère caresse son enfant, de même moi je vous consolerai, et c'est dans Jérusalem que vous serez consolés. Vous verrez et votre cœur se réjouira, et vos os comme l'herbe germeront ; et l'on connaîtra que la main du Seigneur est pour ses serviteurs, et il sera indigné contre ses ennemis... Avant qu'elle fut en travail, elle a enfanté ; avant que vint le temps de son enfantement, elle a enfanté un enfant mâle. Qui a jamais ouï une telle chose ? Et qui a vu rien à cela de semblable ? Est-ce que la terre engendrera en un seul jour ? Ou une nation sera enfantée en même temps, parce que Sion a été en travail et qu'elle a enfanté ses fils* (2). Le prophète veut que nous nous réjouis-

(1) I. CORIN. x. 1 et 2.
(2) ISAIE, LXVI; 7-14.

sions d'avance de la prompte régénération des Juifs, n'oublions pas celle des Francs qui nous touche de plus près, et témoignons-en notre reconnaissance au Seigneur.

ARTICLE TROISIÈME

CLOVIS REÇOIT LE SCEPTRE DE FER DU CHRIST

§ 1ᵉʳ. *Pour protéger l'Eglise.*

5. — *Elle enfanta un enfant mâle qui devait gouverner toutes les nations avec un sceptre de fer.* — Le saint archevêque de Reims baptise et sacre l'*enfant mâle* ; car il doit être un roi puissant : il gouvernera tous les peuples avec un sceptre de fer.

L'inflexibilité du fer est l'image de la loi. La loi doit être juste ; elle doit protéger les bons et faire trembler les méchants. Elle ne doit jamais favoriser le mal ni laisser le crime impuni. Le pouvoir doit être fort et tenace comme le fer. Sa patience doit user toutes les résistances ; il doit triompher de tous les obstacles et repousser toutes les agressions injustes. Il faut qu'il inspire une crainte salutaire.

Un sceptre d'or n'exprimerait pas aussi bien que le sceptre de fer les qualités d'un pouvoir tutélaire. Lorsque le fer est aimanté, il se tourne vers le pôle, et dirige le nautonnier à travers la vaste étendue des mers. Il attire les particules de même métal, leur communique son aimantation, et ne forme qu'un seul tout avec elles. Où trouver une plus belle image du bon roi, qui doit attirer tous ses sujets à lui, vivre de la même vie, veiller sur leurs intérêts, travailler à leur bonheur et les diriger sans cesse vers leur fin suprème? Le sceptre de fer est donc le symbole du bon gouvernement.

Le Psalmiste nous apprend que Dieu le Père donna à son Fils, au jour de sa naissance, le sceptre de fer. Il fait ainsi parler le Christ : *Pour moi, j'ai été établi roi par lui, sur Sion, sa montagne sainte, annonçant ses préceptes. Le Seigneur m'a dit : Vous êtes mon fils, c'est moi qui aujourd'hui vous ai engendré. Demandez-moi et je vous donnerai les nations en héritage, et en possession les extrémités de la terre. Vous les gouvernerez avec une verge de fer* (1).

Pendant sa vie mortelle, le Sauveur a porté cette verge avec fidélité ; il n'a pas cherché sa gloire, il a toujours fait la volonté de son Père. Il était plein de miséricorde et de bonté pour les petits et les humbles, mais il était sans pitié pour les hypocrites et les superbes. Quand il descendra du ciel pour relever le trône de David et régner à jamais sur la maison de Jacob, il tuera l'Antéchrist du souffle de sa bouche et exterminera tous les impies. En attendant son retour, il a confié à Pierre, et à ses successeurs, le glaive spirituel pour gouverner son Eglise, et saint Jean nous dit ici que *l'enfant mâle* doit recevoir le glaive matériel pour la protéger. *Elle enfanta un enfant mâle qui devait gouverner toutes les nations avec un sceptre de fer.* Puisqu'il reçoit le sceptre pour conduire les peuples dans le chemin du salut, il connaîtra donc le Christ qui est l'unique voie qui mène au Père, et marchera à sa suite avec ses sujets : le bon pasteur doit précéder son troupeau et lui indiquer la route.

L'enfant mâle ne sera donc pas hérétique ; car l'hérétique ne connaît pas le bon chemin, il n'y marche pas ; il pourrait faire dévier ceux qui le

(1) Ps. ii, 6-9.

suivent et les entraîner dans l'erreur. Il ne sera
pas un libre-penseur ; car le libre-penseur nie
la divinité du Fils et du Père, méprise leur loi,
proclame l'indépendance absolue de l'homme,
et, comme l'âne du désert, il veut assouvir ses
passions et ses instincts ; le libre-penseur peut
corrompre les peuples, il ne saurait les guider
dans le chemin de la vertu et de la sainteté. Il ne
peut être non plus un libéral. Le roi libéral doit
dissimuler sa foi dans la direction de l'état. Il
ne s'occupe pas des vérités religieuses et de la
fin suprême de ses sujets ; il ne prend soin que
de leurs intérêts matériels. Il sera un prince
modèle, digne de toute louange, s'il tient la
balance égale entre la vérité et l'erreur, s'il
décore avec le même empressement l'écrivain
qui blasphème la divinité de Jésus-Christ et
l'apôtre qui propage son culte, si aujourd'hui
il place la première pierre d'une mosquée et
demain celle d'une église catholique. Le sceptre
de fer est trop lourd pour ses mains indifférentes
et sceptiques ; un roseau flexible, pliant au moindre souffle de l'opinion populaire, symbolise
mieux son action. Le libéral ne peut porter le glaive
du Christ, être son mandataire et faire progresser
les fidèles dans la piété. Il ne peut qu'assister
officiellement à leur démoralisation et à l'anéan-
tissement de leur foi. L'*enfant mâle* sera tout
autre : il conduira son peuple dans le bon chemin ; il sera donc catholique. L'Evangile rè-
glera sa vie privée et sa vie publique, et ses lois
seront en parfaite harmonie avec celles de Dieu
et de l'Eglise. Il recevra avec docilité les enseignements du Vicaire de Jésus-Christ, et unira
ses efforts aux siens pour moraliser et sanctifier
ses peuples. Soumis au pouvoir spirituel dans
les choses religieuses, il sera indépendant dans
les choses purement temporelles. Il ne sera ni
un roi constitutionnel, qui règne et ne gouverne
pas, ni un roi parlementaire, qui ne fait qu'exé-

cuter la volonté de la majorité. Il sera véritablement le chef de son peuple ; il fera les lois et les
fera exécuter. Il aura égard à la faiblesse humaine, et n'exigera que ce qu'on peut raisonnablement lui demander. Diriger un peuple, ce
n'est ni le pressurer ni l'opprimer ; c'est le conduire avec douceur et avec sagesse. C'est veiller
sur lui comme sur un dépôt confié par la Providence ; c'est se préoccuper avant tout de ses
intérêts, c'est chercher le bien public. Le bon roi
doit surtout se prémunir contre les abus du
pouvoir, en créant des institutions qui le limitent et le contiennent, et qui ne lui laissent que
la liberté du bien en lui ôtant la puissance de
mal faire.

Tels sont les principaux devoirs qui incombent à l'*enfant mâle*, en sa qualité de chef d'une
nation catholique et de vicaire civil du Christ,
qui recturus erat omnes gentes virga ferrea. Clovis les a connus, et s'est appliqué à les remplir.
Il a fondé une monarchie héréditaire, modérée
et sincèrement catholique. Comme Pierre, il aimait tendrement le Sauveur, et ses bourreaux
n'auraient pas eu beau jeu, s'il eût assisté à la
Passion. Le premier, parmi les Francs, il confesse sa divinité, comme Pierre parmi les Apôtres ; Pierre reçoit les clefs du royaume du ciel
pour gouverner l'Eglise, et lui le sceptre de fer,
pour la protéger.

Les Papes héritent des clefs, et les rois de
France du sceptre de fer, et ils continuent à
travers les siècles à être les deux principaux
ministres de la Providence pour sanctifier et civiliser les hommes. L'action de l'Eglise est manifeste pour tous ; et quoique celle de la France
n'ait ni la même importance, ni le même éclat,
toutefois on ne peut nier que cette nation n'ait
constamment marché en tête des peuples chrétiens. L'histoire a reconnu sa mission et sa fidélité
à la remplir, par le titre de Fille aînée de l'Eglise

qu'elle lui a toujours donné, et par les deux adages qui lui sont familiers de *Gesta Dei per Francos* et de *Regnum Galliæ, regnum Mariæ.* Ces appellations ne sont qu'un écho des jugements de la Papauté, qui s'est plue, dans tous les âges, à louer la piété et le dévouement de nos rois, et qui n'a cessé de faire appel à leur puissance pour défendre la chrétienté contre toutes sortes d'ennemis. Nous avons cité plus haut la lettre que le pape Anastase écrivit à Clovis après son baptême, et où il disait : « Consolez l'Eglise, votre mère, glorieux et illustre fils ; *soyez pour elle une colonne de fer...* Nous louons Dieu, qui a tiré de la puissance des ténèbres un si grand prince, *afin de pourvoir l'Eglise d'un défenseur, et l'a orné du casque du salut pour combattre ses pernicieux adversaires.* » — « La France, dit Alexandre III, est un royaume béni de Dieu, dont l'exaltation est inséparable de celle du Saint-Siège. » — « Les triomphes de la France, ajoutait Innocent III, sont les triomphes du siège apostolique. » Cette bénédiction a porté ses fruits.

« Il a été donné aux Francs, dit Baronius, grâce refusée aux autres nations, de combattre avec plus d'ardeur pour la défense de l'Eglise que pour la garde de leurs propres frontières. En récompense des services assidus qu'ils ont rendus à la religion, ils sont devenus dignes de cette bénédiction céleste que saint Remi, inspiré de l'Esprit-Saint à la façon des anciens Patriarches, a consignée dans son testament, confirmé par la signature des évêq s Saint Vaast, saint Médard, saint Loup, et autres ; mais aussi il appela la malédiction sur les rois francs qui oseraient violer ce qu'il leur prescrivait par ses dernières volontés... »

Ecoutez, ajoute Baronius, les trésors de bénédictions qu'il fait descendre sur les pieux rois de France :

« Si mon Seigneur Jésus-Christ daigne écouter la prière que je fais chaque jour pour la maison royale, afin qu'elle persévère dans la voie où j'ai dirigé Clovis *pour l'accroissement de la sainte Eglise de Dieu*, puissent les bénédictions que l'Esprit-Saint a versées sur sa tête par ma main pécheresse s'accroître par ce même Esprit sur la tête de ses successeurs ! Que de lui sortent des rois et des empereurs qui feront la volonté du Seigneur, *pour l'accroissement de la sainte Eglise*, et qui seront, par sa puissance, confirmés et fortifiés dans la justice ! Puissent-ils chaque jour augmenter leur royaume, le conserver, et mériter de régner éternellement avec le Seigneur dans la céleste Jérusalem ! »

Saint Vaast, en signant ce testament, ajoute : « Je maudis celui que maudit Remi, mon père, et je bénis celui qu'il bénit. » Ce que firent également les autres évêques et les prêtres qui signèrent (1).

Le cardinal Pitra, dans la préface de *la Vie de saint Léger*, cite une oraison du viii⁰ siècle qui résume toutes nos traditions :

« Dieu éternel et tout-puissant, qui avez établi la France comme l'instrument de votre divine volonté dans l'univers, et pour être l'épée et le bouclier de l'Eglise, écoutez les supplications des fils des Francs. » Voilà un commentaire très clair de notre texte.

Etienne III, dans la lettre qu'il adresse à Pépin, à Charlemagne, aux évêques, à toutes les armées et à tous les peuples de France, dit : « Moi, Pierre, ordonné de Dieu pour éclairer le monde, je vous ai choisis pour mes fils adoptifs, afin de défendre contre leurs ennemis la cité de Rome, le peuple que Dieu m'a confié, et le lieu où je repose selon la chair... D'après la pro-

(1) BARON. *Annal.* an 514, 24-26.

messe reçue de Notre-Seigneur et Rédempteur, je distingue le peuple des Francs entre toutes les nations. Prêtez aux Romains, prêtez à vos frères tout l'appui de vos forces, afin que moi, Pierre, je vous couvre de mon patronage dans ce monde et dans l'autre. »

Grégoire IX, dans sa lettre à saint Louis, répète les mêmes paroles. Après avoir rappelé que la France a été distinguée entre tous les peuples, par une prérogative d'honneur et de gloire, ajoute : « Il est manifeste que ce royaume béni de Dieu a été choisi par notre Rédempteur pour être l'*exécuteur spécial de ses divines volontés.* Jésus-Christ le prit en sa possession, comme un carquois d'où il tire fréquemment des flèches choisies qu'il lance, avec la force irrésistible de son bras, pour *la protection de la liberté et de la foi de l'Eglise, le châtiment des impies et la défense de la justice.* »

Bossuet dit, dans le discours sur l'*Unité* de l'*Eglise*, que Dieu donna Clovis à la France et à tout l'Occident, pour défendre l'Eglise. « Saint Remi vit en esprit qu'en engendrant en Jésus-Christ les rois de France, il donnait à l'Eglise d'invincibles protecteurs. Ce grand saint, et ce nouveau Samuel (1) appelé pour sacrer les rois, sacra ceux-ci, comme il le dit lui-même, *pour être les perpétuels défenseurs de l'Eglise et des pauvres.* »

Pour justifier ces éloges, il faudrait parcourir l'histoire de France, règne par règne, et noter ce que chaque successeur de l'*enfant mâle* a fait dans les intérêts de la religion. Mais ce travail nous entraînerait trop loin ; contentons-nous de rappeler que Clovis, en écrasant les Visigoths ariens à Vouillé, et Charles Martel, les Sarrasins dans les plaines de la Touraine, que Pépin et Charlemagne en réprimant l'audace des Lom-

---

(1) Remi était né d'une mère stérile, comme Samuel, d'après Grégoire de Tours.

bards et en agrandissant les états du Pape, que saint Louis en marchant à la tête des Croisés, ont bien mérité de la chrétienté. C'est par ces faits et d'autres semblables que la France a acquis le beau titre de Fille aînée de l'Eglise, et le premier rang parmi les nations chrétiennes.

Donc l'histoire, la liturgie, les Papes redisent, chacun à sa manière, que Clovis a reçu le sceptre de fer pour protéger l'Eglise et les pauvres, et qu'il s'est acquis une grande gloire, ainsi que ses successeurs, en remplissant cette mission. Donc il est l'enfant mâle engendré par la femme revêtue du soleil.

§ 2e. Clovis reçoit le sceptre de fer pour régir les peuples.

Mais ce n'est pas seulement une primauté d'honneur que doit posséder l'*enfant mâle*. Saint Jean annonce qu'il régira réellement les peuples : *elle enfanta un enfant mâle qui devait gouverner toutes les nations avec un sceptre de fer.*

Clovis a encore réalisé cette partie de la prophétie. Quand il fut élevé sur le pavois, après la mort de Childéric, son père, il ne possédait qu'un petit territoire aux environs de Tournai, et il pouvait à peine mettre en ligne six mille hommes. Quelque temps après, il vainquit Syagrius et s'empara du Soissonnais ; mais ce ne fut qu'après son baptême qu'il conquit toute la Gaule. En possédant ce beau pays, le roi des Francs peut dire en toute vérité qu'il règne sur toutes les races humaines παντα τα εθνη ; car les peuples qui s'y sont déjà fixés ou qui y ont laissé quelques-unes de leurs familles, sont innombrables : il y a des descendants de Sem, de Cham et de Japhet.

Parties des plaines de Sennaar, pour peupler le globe, selon l'ordre de Dieu, les tribus qui s'acheminèrent vers l'Occident, arrivèrent dans la suite des siècles jusqu'à l'extrémité de l'ancien continent, et durent s'arrêter dans les Gaules, sur les bords de l'océan Atlantique qu'elles ne pouvaient franchir. Les peuplades du nord de l'Afrique traversèrent le détroit de Gibraltar, l'Espagne et les Pyrénées ; les Phéniciens et les Phocéens nous arrivèrent par tous les ports de la Méditerranée ; les Alpes laissèrent passer les Romains, les Visigoths. Mais c'est du côté de l'Est qu'entrèrent les nombreuses tribus des Gals et des Celtes, des Aquitains et des Ligures, des Basques et des Ibères, des Kimris, des Armoriques, des Teuctosages, des Belges, des Allemands, des Huns, des Suèves, des Bourguignons, des Alains, des Vandales, des Germains et des Francs.

Le Prophète a donc pu dire que l'*enfant mâle* régirait toutes les races. Clovis qui est si fier de les dominer, qui les a soumises en si peu de temps et qui sait tous les dangers qu'il a courus à Vouillé, a une pleine confiance en la promesse que lui fit le Sauveur, la veille de son baptême : *Ne craignez rien, mon amour vous garde : Nolite timere, manete in dilectione mea.* Il s'empresse de faire graver sur sa monnaie la croix accompagnée de l'*Alpha* et de l'*Oméga*, symbolisant ainsi la royauté du Christ sur la France, fait déposer en même temps sa couronne sur le tombeau sacré de Pierre, en signe de dévouement, et pose la première pierre de l'église qu'il veut élever dans sa capitale, en l'honneur du Prince des Apôtres, pour cimenter l'union de Rome et de la France.

Il est bon de citer les réflexions que Baronius fait sur l'offrande de Clovis : « Nous savons par l'Evangile que les dons des rois sont non seulement précieux, mais pleins de mystères. L'histoire prouve qu'il en fut ainsi de l'offrande que Clovis fit de sa couronne à la confession du Prince des Apôtres. Par cet hommage, Clovis consacrait son royaume à Dieu et lui assurait une perpétuelle durée. En déposant sa couronne sur la pierre et sur la Confession de Pierre, il établissait son royaume sur un solide fondement, comme l'a prouvé la longue suite des événements. Tous les barbares qui ont envahi l'empire romain, Goths, Vandales, Suèves, Alains, Hérules, Huns, Lombards, ont été détruits ; la seule couronne de France, en sûreté sous la protection apostolique, est demeurée constamment stable, elle a crû de jour en jour, en territoire et en gloire, comme aussi sa gloire s'est obscurcie et elle a été jetée en des périls extrêmes, quand, ruinée par la perfidie hérétique, elle a été privée du rempart apostolique. (1) »

On voit que les conclusions de l'histoire concordent avec les données de l'Apocalypse : *Elle enfanta un enfant mâle qui devait gouverner toutes les nations avec un sceptre de fer.*

D'après ce qui précède, ces paroles s'appliquent assez bien à Clovis ; elles conviennent encore mieux à Charlemagne, qui subjuguait les Saxons, réprimait les Sarrasins, détruisait les hérésies, protégeait les Papes, attirait au christianisme les nations infidèles, rétablissait les sciences et la discipline ecclésiastique, assemblait de fameux conciles où sa profonde doctrine était admirée, et faisait ressentir non seulement à la France et à l'Italie, mais encore à l'Espagne, à l'Angleterre, à la Germanie et partout, les effets de sa piété et de sa justice. Enfin, ce grand protecteur de Rome et de l'Italie, ou, pour mieux dire, de toute l'Eglise et de toute la chrétienté, élu empereur par les Romains, sans qu'il y pensât, et couronné par le Pape Léon III, qui avait porté le peuple romain à ce choix, devint le fondateur du nouvel empire et de la grandeur temporelle du Saint-Siège (2). On peut bien dire qu'il régissait toutes les nations, puisque ses états

(1) Annales, t. vi. Lettre dédicace à Clément viii.
(2) Boss. *Hist. un.*

comprenaient, outre la Gaule, une partie de
l'Espagne, les Pays-Bas, toute l'Allemagne, une
partie de la Hongrie, et l'Italie jusqu'à Béné-
vent. Il mit sa gloire à être le père de ses peuples, et il eut la joie d'en être aimé autant qu'il
en était craint. Plus redoutable aux ennemis de
la religion qu'à ceux de l'Etat, il fut toujours le
fléau de l'hérésie et du vice, le protecteur le
plus zélé, aussi bien que l'enfant le plus soumis
et le bienfaiteur le plus libéral, de l'Eglise. Ses
victoires furent pour elle des conquêtes, et le
fruit le plus doux qu'il recueillit de tant de combats, ce fut d'étendre le royaume de Jésus-
Christ à proportion qu'il étendait le sien. Il fit
graver sur sa monnaie l'image de Pierre portant dans ses mains le sceptre royal, mit en tête
de ses capitulaires la formule : *Sous le règne de
Notre-Seigneur Jésus-Christ*, et recommanda, par
testament, *par dessus tout*, à ses fils la défense
de l'Eglise. S'ils se fussent souvenus des recommandations de leur père, leur puissance eût été
égale ou supérieure à celle du grand empereur.
Si la France eût été toujours fidèle à Dieu, si
elle avait toujours marché dans les sentiers de
la justice et de la piété, son ascendant n'eût pas
eu de bornes ; la promesse de saint Jean se fût
réalisée à la lettre, elle aurait dominé les peuples
et aurait répandu la vraie civilisation sur la
terre avec la lumière évangélique.

Si son étoile a pâli, si sa gloire s'est éclipsée
tant de fois, si elle a éprouvé tant de revers et
de malheurs, ce sont ses crimes qui en sont la
cause. Dieu la châtie sévèrement pour l'empêcher de se corrompre et la ramener dans la
bonne voie. Il la traite comme il traita autrefois
son peuple élu. Il a introduit Israël dans une
terre de froment où coule le lait et le miel, pour
qu'il conserve parmi les nations la vérité religieuse et la promesse d'un Rédempteur. Tant
qu'il observe la loi, il vit dans l'abondance et la

paix. S'il l'oublie, s'il la méprise, s'il se tourne vers les idoles, le châtiment ne se fait pas attendre. Dieu lâche la bride aux peuples voisins, qui le dominent, le pillent et le rançonnent jusqu'à ce qu'il reconnaisse sa faute et qu'il crie miséricorde. Et le Seigneur lui pardonne et suscite des hommes remplis de son esprit qui le ramènent au devoir et le délivrent de ses ennemis. Telle est la conduite de la Providence à notre égard. « Le châtiment des Français, dit de Maistre, sort des règles ordinaires, et la protection accordée à la France en sort aussi. Ces deux prodiges présentent un des plus étonnants spectacles que l'œil humain ait jamais contemplé. » A l'exemple de l'Eglise, la France se relève plus forte après ses malheurs, quand elle revient au Christ, son roi. « Bien que sa fortune, dit Lebret, ait été souvent agitée par de furieuses tempêtes, suscitées soit par l'envie de ses voisins, soit par la malice de ses peuples, toutefois Dieu l'a toujours relevée au-dessus de l'orage ! *Magna regni Gallorum fortuna semper in malis major resurrexit* (1).»

Si Débora, dans son cantique, attribue au Seigneur sa victoire sur Sisara ; si Judith fait lever le siège de Béthulie et met en fuite la puissante armée des Assyriens, Jeanne d'Arc écrit au duc de Bourgogne : « Que tous ceux qui guerroyent contre le saint royaume de France, guerroyent contre le roi Jésus », délivre Orléans, et conduit Charles VII, de victoire en victoire, jusqu'à Reims et l'y fait sacrer.

Nos rois, il est vrai, n'ont pas été toujours des modèles de vertu ; ils ont voulu s'affranchir de la tutelle du pouvoir spirituel, parfois ils ont soutenu les ennemis acharnés de l'Eglise, les Protestants et les Turcs. Mais les rois de Juda ont-ils été plus zélés pour l'observance de la loi ? n'ont-ils pas favorisé le culte des idoles, malgré les aver-

---

(1) *La Souveraineté du roi.*

tissements et les menaces des prophètes ? Dieu dit à David : *Si tes enfants gardent leurs voies, et qu'ils marchent devant moi dans la vérité, en tout leur cœur et toute leur âme, un homme ne te sera pas enlevé du trône d'Israël* (1). Les enfants de David n'ayant pas été fidèles, le Seigneur a brisé leur trône, a renversé leur ville et les a envoyés en captivité à Babylone. Le Christ a dit pareillement au fondatenr de la monarchie française : restez dans mon amour, et ne craignez rien ; et lui remit son sceptre de fer, pour régir toutes les nations. C'était une promesse conditionnelle, la condition n'ayant pas été bien remplie, ne nous étonnons pas que la puissance de nos rois ait subi tant d'éclipses. S'ils eussent répondu aux désirs du Sauveur, la gloire de la France eût été incomparable. Après douze siècles de défaillances et de fautes, elle est toujours la nation élue et elle peut encore dominer la terre, si son roi, Louis XIV, écoute les appels du Sacré-Cœur. Les derniers temps approchent ; Satan, après mille ans de réclusion, va être lâché. Il attaquera la Fille aînée de l'Eglise avec une rage inouie et une haine implacable, pour se venger des humiliations que lui a infligées saint Michel, à Reims, au baptême de Clovis. Le luxe de la cour et de la noblesse, la richesse des palais, la pompe des fêtes publiques, l'éclat de l'éloquence, de la poésie, des lettres et des sciences, les victoires de généraux illustres, et la pléiade des hommes de génie en tout genre qui entourent le trône et sont le plus bel ornement du grand siècle, ne la mettront pas à couvert des terribles assauts du dragon infernal.

Le Christ, *qui aime les Francs*, vient lui offrir son Sacré Cœur pour lui servir de lieu de refuge, et renouveler, avec Louis XIV, l'alliance

(1) III° rois II, 4.

qu'il fit au commencement avec le fondateur de la monarchie, il fait connaitre ses volontés à ce roi qui porte le titre de Très chrétien et de Fils ainé de l'Eglise, par l'intermédiaire d'une religieuse de Paray-le-Monial, Marguerite-Marie, comme autrefois il s'était servi de sainte Clotilde et de saint Remi. Le 17 juin 1689, elle écrivit une lettre qui devait être communiquée au roi où l'on lisait les paroles suivantes... : « Fais savoir au fils ainé de mon Sacré-Cœur (1) que, comme sa naissance temporelle a été obtenue par la dévotion aux mérites de ma sainte enfance, de même il obtiendra sa naissance de grâce et de gloire éternelle, par la consécration qu'il fera de lui-même à mon Cœur adorable, qui veut triompher du sien, et, par son entremise, de celui des grands de la terre. Il veut régner dans son palais, être peint dans ses étendards, et gravé dans ses armes, pour les rendre victo-rieuses de tous ses ennemis, en abattant à ses pieds ces têtes orgueilleuses et superbes, pour le rendre triomphant de tous les ennemis de la sainte Eglise. »

Une autre lettre du 25 août de la même année est plus explicite encore quant au désir qu'avait Notre-Seigneur de se servir de ce prince, pour ses desseins miséricordieux. Mais Louis XIV, soit fai-blesse, soit respect humain ou tout autre motif, repousse les avances du Sauveur. Le roi, alors âgé de 50 ans, était à l'apogée de sa puissance : l'Europe était à ses pieds, il allait avoir un empire aussi grand que celui de Charles-Quint, il était héritier du trône d'Espagne, et il semblait que nul n'oserait lui résister ; on venait de don-ner son nom à la nouvelle et riche colonie de la Louisiane, en Amérique ; la France avait fondé la Nouvelle Orléans, et, de cette ville, en remon-tant le Mississipi et au delà, jusqu'au Canada, tout

(1) Louis XIV.   4

appartenait à la France ; c'était l'empire presque entier de l'Amérique du Nord, complété par les possessions de l'Espagne dans l'Amériqne du Sud. La puissance de Charlemagne allait être de beaucoup dépassée, et il eût été manifeste pour tous que nos rois avaient reçu le sceptre de fer du Christ pour régir toutes les nations. Mais, peu à peu, la puissance diminue et la gloire s'éclipse. Les guerres sont malheureuses, le Dauphin est enlevé à la fleur de l'âge, et Louis XIV, à sa mort, laisse le sceptre de fer entre les mains de son arrière petit-fils, Louis XV, âgé de cinq ans, sous la tutelle d'un régent débauché, le duc d'Orléans. Sous ce règne corrompu, Satan aura beau jeu, et Louis XVI expiera sur l'échafaud les crimes et les faiblesses de ses pères.

ARTICLE QUATRIÈME

CLOVIS ET LES ROIS DE FRANCE SONT CATHOLIQUES

— *Et son fils fut enlevé vers Dieu et vers son trône.*

— L'enfant mâle, après avoir vécu chrétiennement et régi les nations avec le sceptre du Christ, va recevoir dans le ciel la récompense de ses travaux. Si Clovis est l'enfant mâle, il doit avoir eu la foi et y avoir conformé sa conduite.

« Clovis avait trente ans, lorsqu'il se releva chrétien des fonts du baptême. La fougue de son caractère, l'ardeur de son naturel barbare, ne disparurent sans doute point, comme par enchantement, sous l'action de la grâce régénératrice, mais elles furent considérablement affaiblies ; et l'on peut dire qu'il était vraiment un homme nouveau, quand, revêtu de la robe des néophytes, il sortit de la basilique de Reims. Les écrivains rationalistes, qui rejettent à *priori* le miracle, trouvent ici que le miracle ne fut point assez complet. Ils se montrent sérieusement scandalisés de rencontrer encore, dans l'histoire du nouveau roi chrétien, des actes politiques qui ne réalisent pas l'idéal d'un prince constitutionnel, patient, débonnaire, inoffensif, tel qu'on le rêve de nos jours. Ces scrupules du rationalisme moderne, outre qu'ils sont souverainement ridicules, accusent une prodigieuse ignorance de la nature humaine. Les hommes, de même que les sociétés, diffèrent à tous les âges. L'éducation chrétienne des Francs ne fut pas l'œuvre d'un jour. Il fallut à l'Eglise près de trois siècles pour faire pénétrer dans les mœurs des races nouvelles la loi de l'indissolubilité du mariage et celle de la douceur évangélique. Encore aujourd'hui, l'Eglise lutte contre le préjugé national du duel, et n'a pu triompher de ce reste de barbarie transmis avec le sang de génération en génération. Ce qui étonne l'historien impartial, ce n'est point ce que la grâce du sacrement n'a pas produit en un jour, c'est ce qu'elle a fait réellement (1). »

Les reproches de cruauté envers ses proches, que les auteurs modernes adressent à Clovis, ne paraissent pas suffisamment démontrés. L'abbé Gorini, dans sa *Défense de l'Eglise* (2), prouve assez bien qu'il ne faisait que se défendre contre des parents criminels, qui voulaient attenter à sa vie et le dépouiller de son empire. Cette explication est en parfait accord avec la vie de ce prince, après son baptême, et avec les paroles de saint Grégoire de Tours, qui dit que Dieu le bénissait, parce qu'il marchait le cœur

(1) Darras. *Hist.*
(2) c, viii, n° 19.

droit : *Prosternebat enim quotidie hostes ejus, eo quod ambularet recto corde coram eo, et faceret quæ placita erant in oculis ejus* (1).

Clovis vécut quinze ans après sa conversion, et, jusqu'à sa mort, il donna des preuves non équivoques de sa foi, et se montra sans cesse, dit Aimon (2), l'appui de la religion et le soutien de la justice. Il distribua aux pauvres d'abondantes aumônes, fonda plusieurs monastères pour attirer sur sa famille et son royaume les miséricordes du ciel, dota plusieurs évêchés, et donna de nombreuses terres aux églises de Saint-Martin de Tours, de Saint-Hilaire de Poitiers, et de Sainte-Marie de Reims. C'est au nom de la sainte, indivisible, égale et consubstantielle Trinité, qu'il fait ses donations. Il pardonna aux habitants de Verdun qui s'étaient révoltés contre lui, et mit en liberté les prisonniers faits à Tolbiac. Les catholiques pris à Vouillé furent également rendus aux évêques qui les réclamèrent. Lorsqu'il marche contre Alaric, il défend à ses soldats de commettre la plus petite déprédation dans le territoire de Saint-Hilaire et de Saint-Martin ; car comment pourrons-nous vaincre, dit-il, si nous avons ces saints contre nous. Il promet de bâtir, dans Paris, une église en l'honneur de Saint-Pierre et de Saint-Paul, s'il revient vainqueur de son expédition ; il recommande le succès de ses armes à toutes les personnes pieuses, passe lui-même plusieurs nuits en prières, et au moment du combat, après avoir invoqué les bienheureux Pierre et Martin, appuyé sur sa lance, il fait le signe de la croix sur l'armée et s'écrie : En avant, au nom du Seigneur.

Très zélé pour la conversion de ses guerriers païens, il demanda au saint abbé Fridolin qu'il

(1) Hist. Fran. 1, II, n° 40.
(2) Hist. Fran. l. I, n° 16.

obtienne de Dieu par ses prières un miracle
pour dissiper leurs erreurs ; il fut plein de respect et de déférence pour les évêques et écouta
avec docilité leurs conseils. Quelques mois
avant sa mort, trente prélats des Gaules, réunis
à Orléans, lui adressent la lettre synodale suivante : « A leur seigneur, fils de la catholique
Eglise, à Clovis très glorieux roi, tous les évêques réunis par ses ordres en concile. L'ardeur
de votre zèle pour la religion chrétienne vous a
porté à nous rassembler pour répondre aux
diverses questions qu'il vous a plu de nous soumettre. Voici donc les définitions qui ont été
prises d'un concert unanime. Nous vous les
transmettons dans l'espoir qu'elles obtiendront
votre sanction royale. Elles se présenteront ainsi
au peuple chrétien, revêtues de la double majesté
du sacerdoce et de l'empire. » Suivent trente
et un canons auxquels il donna force de loi.

Ce court sommaire de la vie de Clovis suffit
pour montrer qu'il a été un prince sincèrement
chrétien. Il mourut comme il avait vécu, à Paris,
sa capitale, à l'âge de quarante-cinq ans, et il
fut enterré dans l'église des saints apôtres qui
n'était pas encore terminée : *Et l'enfant mâle fut
enlevé vers Dieu et vers son trône.* Quelques mois
après, on déposa à côté de son tombeau les res-
tes mortels de l'illustre patronne de Paris, et,
quelques années plus tard, ceux de sainte Clotilde, son épouse.

Clovis, ayant vécu et étant mort chrétiennement, n'a pas été dévoré par le dragon aux sept
têtes ; il est donc l'enfant mâle. On voit paraître, en effet, dans les versets 3 et 4, que nous
commenterons dans l'article suivant, un dragon
prêt à dévorer l'enfant mâle. C'est-à-dire que
Satan veut ramener le nouveau baptisé à l'idolâtrie, ou l'entraîner dans le schisme et l'hérésie ; ou, tout au moins, en faire un spoliateur et
persécuteur de l'Eglise. Mais l'enfant mâle

échappe à ses dents et à ses griffes, puisqu'il est enlevé vers Dieu.

C'est ce qu'a mérité Clovis par sa vie et sa mort chrétiennes ; et ce qui est vrai du premier enfant mâle, l'est aussi de ses successeurs, tous les rois de France ont fait profession de la foi catholique. C'est le devoir principal de nos rois.

On a souvent toléré leurs faiblesses, jamais leur incrédulité ; on a plusieurs fois dérogé à la loi salique dans son objet le plus important, jamais à la loi nationale de la catholicité. Quand Henri III use dans la débauche le peu d'énergie qui lui reste, semble pactiser avec les huguenots et oublie un peu trop de défendre les intérêts de la religion, les catholiques se liguent pour lui rappeler ses devoirs et pour empêcher Henri IV de monter sur le trône, tant qu'il restera protestant.

La formule des fédérations catholiques ne manque ni de dignité ni d'inspiration patriotique. On y expose que le roi de France ne possède plus les moyens de protéger ses sujets, ni de maintenir la religion et la dignité royale : le devoir des catholiques est de ne pas faire moins pour la vraie religion que les huguenots pour l'hérésie. Ils demandent en conséquence qu'on convoque les Etats généraux pour remédier à tous les maux et ramener l'unité religieuse (1). L'un des inspirateurs de ces résolutions, Sébastien de l'Aubespine, évêque de Limoges, dit que « la Ligue, étant embrassée du roi — Henri III s'y enrôla en 1577, — assistée de beaucoup de gens de bien, de vertu et d'honneur, non seulement tend à la gloire de Dieu et de son Eglise, mais aussi à la défense et protection du roi et du royaume. »

Si la ligue désire ardemment le retour à l'unité religieuse et la conversion d'Henri IV, la

(1) Voir l'hist. de Kérvyn de Lettenhove, publié à Bruges.

Papauté ne le désire pas moins. Voici un passage très remarquable du Cardinal Baronius, ami et confesseur de Clément VIII, qui montre clairement quels sont les sentiments du Pontife par rapport à la France.

« La couronne des Francs est demeurée constamment stable sous la protection apostolique. Elle a crû, de jour en jour, en territoire et en gloire, comme aussi sa gloire s'est obscurcie et elle a été jetée en périls extrêmes, quand, ruinée par la perfidie des hérétiques, elle a été privée du rempart apostolique. Elle trouvera le remède à ses maux, si elle retourne à la Pierre immobile, à la confession apostolique, et si elle est replacée honorablement sur les hauteurs où, posée par le premier roi très chrétien des Francs, elle a toujours brillé d'un admirable éclat dans tout l'univers. *C'est là ce que désirent tous les catholiques*, c'est ce que demandent tous les fidèles, et sur quoi gémit l'église des Gaules, anxieuse et triste, privée de toute consolation.

« Mais vous, Bienheureux Père, vous le demandez avec ardeur à Dieu par vos constantes prières et, vous le redemandez avec des larmes incessantes. *Enfantez de nouveau les Francs dans une immense douleur, afin que, avant tout, le Christ soit formé en eux.* Que Dieu écoute vos vœux et que vos désirs s'apaisent ; *qu'il vous suscite un autre Clovis que tous désirent*, afin que, par son secours, le royaume longtemps abaissé des Francs se relève et reparaisse dans sa splendeur antique... (1) » Les prières de Clément VIII, les vœux de l'Eglise, les efforts et les sacrifices de la Ligue obtinrent la conversion du nouveau Clovis ; Henri IV abjura ses erreurs et reçut le sceptre de fer pour protéger la religion et gouverner le peuple élu du Christ. « Mon royaume,

(1) Annales, t, vi, Lettre dédicace à Clément VIII.

disait-il, est incontestablement le royaume de Dieu. Il lui appartient en propre, il n'a fait que me le confier.

» Je dois donc faire tous mes efforts pour que Dieu y règne, pour que mes commandements soient subordonnés aux siens, pour que mes lois fassent respecter ses lois. » Ses mœurs privées ne furent pas toujours exemptes de reproche ; mais son respect pour la foi fut sincère et ferme ; aussi Paul V, à sa mort, disait douloureusement : j'ai perdu mon bras droit.

Concluons : Les rois de France ont tous été catholiques ; ils ont régi les peuples avec le sceptre de fer ; ils sont donc les successeurs de l'enfant mâle que la femme revêtue du soleil enfanta pour la défense de l'Eglise et la protection des pauvres. Dans l'article suivant, nous allons voir, qu'avec le secours de saint Michel, cet enfant mâle échappe aux griffes du dragon aux sept têtes.

CHAPITRE II

3. — *Et un autre prodige fut vu dans le ciel. Un grand dragon roux, ayant sept têtes et dix cornes, et sur ses sept têtes, sept diadèmes.*

4. — *Or sa queue entraînait la troisième partie des étoiles, et elle les jeta sur la terre ; et le dragon s'arrêta devant la femme qui allait enfanter, afin de dévorer son fils aussitôt qu'elle serait délivrée.*

I. *Et un autre prodige fut vu dans le ciel.* — Saint Jean a déjà vu un premier prodige, la femme revêtue du soleil ; il en voit un second, un dragon aux sept têtes. Au verset 9, il dit que ce dragon représente Satan : *et ce grand dragon, l'ancien serpent, qui s'appelle le diable et Satan.* L'emblême sous lequel on le montre indique ce qu'il est, ce qu'il veut faire, et ce qu'on lui permettra de faire. Le dragon est un lézard gigantesque qui a des ailes, des dents et des griffes puissantes. C'est un animal indomptable et cruel dont l'aspect seul glace d'effroi. Il symbolise très bien la rage et la haine du démon contre l'Eglise. Sa couleur *rousse* rappelle la jalousie, les ruses, les fourberies et la soif du sang qu dévore le monstre infernal. Malheur au présomptueux qui affronterait, sans le secours d'en haut, cette bête terrible ! malheur à l'imprudent qui se laisserait fasciner par la vivacité de son regard, et qui ne la fuirait pas de toutes ses forces !

Le dragon a des ailes, mais il vit dans les souterrains. C'est un animal terrestre, la vive image de l'ange déchu, qui cherche à entraîner l'homme dans sa chute et sa dégradation, à lui donner les sentiments, les instincts, les habitudes de la bête, à le faire vivre de la vie des bêtes. La bête ignore l'existence de son créateur, ne lui rend aucun culte, ne le prie pas. Elle assouvit ses besoins, dévore sa proie, et dort tranquille. Tel est l'idéal que poursuit le vieux serpent dans l'émancipation de l'homme. Il hait donc d'une manière implacable l'Eglise qui veut sanctifier l'homme, en faire un véritable Christ, le rendre parfait comme son Père céleste. Il la persécute par les tyrans, la corrompt par les vices, la trouble et la divise par les schismes et la dévaste par les hérésies. Et voilà qu'il se dresse, avec sept têtes, devant la femme revêtue du soleil, prêt à dévorer l'enfant mâle qu'elle va baptiser. Avant de chercher la signification des sept têtes du dragon, nous énoncerons la conclusion qui découle des textes commentés dans cet article ; c'est qu'ils s'appliquent parfaitement à Clovis et à son époque, nouvelle preuve qu'il est l'*enfant mâle*. Afin d'abréger, plaçons-nous immédiatement dans cette hypothèse, et, peu à peu, elle paraîtra une réalité.

— *Et un autre prodige fut vu dans le ciel : un grand dragon roux, ayant sept têtes et dix cornes, et sur ses sept têtes, sept diadèmes.*

— L'Apocalypse (1) explique l'énigme des sept têtes couronnées du dragon : *Les sept têtes sont sept montagnes ; ce sont aussi sept rois.* Les empires ressemblent assez aux montagnes. Comme elles, ils attirent les regards de loin ; leur orgueil s'élève jusqu'au ciel ; ils écrasent la terre du poids de leur puissance ; ils paraissent indestructibles, éternels. Mais ces colosses ont des pieds d'argile, un choc imprévu les brise ; ils s'affaissent et disparaissent comme une montagne qui s'effondre dans l'abîme. Daniel (2) nous fait assister à leur formation : *Voici que les quatre vents du ciel combattaient sur la grande mer. Et quatre grandes bêtes, différentes entr'elles, montaient de la mer... ces quatre grandes bêtes sont quatre royaumes qui s'élèveront de la terre.* Les vents qui soulèvent ici les flots de la mer vers quatre directions différentes, et les amoncèlent comme des montagnes, figurent très bien les esprits qui poussent les multitudes vers un même but, leur inspirent le même désir, leur donnent le même esprit, la même tendance, les rangent sous le même étendard, et, en unissant leurs volontés, les rendent capables des plus grands efforts.

Les sept empires représentés par les sept têtes du dragon, lui sont intimement unis, font partie de son corps, vivent de la même vie, et lui obéissent, comme les membres obéissent à la

(1) XVII, 9.
(2) VII, 2.

tête. Ils ne font avec lui qu'une seule bête, tant ils sont dociles à ses inspirations ; ils n'agissent que pour lui, et lui donnent leur puissance; mais, à son tour, il leur donne la sienne : *Et dedit illi draco virtutem suam et potestatem magnam* (1). Satan est le véritable chef de ces empires, *princeps hujus mundi* (2) ; plus que cela, il est leur Dieu : *Deus hujus sæculi* (3). C'est lui qui est leur véritable fondateur, car il a excité l'ambition des conquérants, et irrité leurs convoitises ; il a été leur conseiller, leur guide et leur soutien. Aussi affirme-t-il à Notre-Seigneur que ces royaumes lui appartiennent, et qu'il peut les donner à quiconque l'adore : *Il lui montra tous les royaumes du monde et leur gloire, et lui dit : Je vous donnerai toutes ces choses, si, vous prosternant, vous m'adorez* (4). Il les a établis pour accroître sa domination sur l'homme déchu, satisfaire son orgueil, propager le culte idolâtrique, et surtout pour faire la guerre au peuple de Dieu, le chasser de la Terre Promise et empêcher le Christ de régner à Jérusalem (5). Mais,

(1) XIII, 2.
(2) JEAN XVI, 11.
(3) I. Cor. IV, 4.
(4) Math. IV, 8 et 9.
(5) Dieu dit à Abraham : « En toi seront bénies toutes les nations, et ta postérité possèdera à jamais la terre de Chanaan... » (Genèse XIII, 7.)

L'Homme-Dieu, qui doit écraser la tête du serpent, rétablira l'ordre ici-bas ; l'héritier universel, le Roi des rois, qui doit régir tous les peuples, dressera son trône dans la Terre Promise.

Satan veut l'empêcher de régner ; il excite l'ambition des Pharaons et les pousse à s'emparer de la Palestine, et à subjuguer toutes les nations. Pendant neuf ans, Sésostris parcourt en vainqueur l'Asie et l'Europe orientale, et remplit Thèbes, aux cent portes, des dépouilles des peuples vaincus.

Les siècles s'accumulent, la puissance des rois du Midi faiblit ; le dragon cherche successivement à Ninive, à Babylone, à Persepolis, en Grèce, à Rome des ministres de sa haine. Les nouveaux dominateurs suivent docilement les inspirations sataniques, ils envahissent la Judée, veulent conquérir la terre entière, et, déjà, s'en disent les maîtres et les dieux ; ils ne permettront pas que le fils de David relève le trône de son père, ni qu'il introduise un nouveau culte qui les priverait des honneurs divins qu'on leur rend en tout lieux.

Telles sont les vues des rois païens des six premiers royaumes sataniques. Ceux du septième partagent leur haine contre le

les passions détruisant ce que les passions ont
élevé, le mensonge et l'erreur, l'injustice et la
violence, l'ambition et l'orgueil ne pouvant rien
fonder de durable, il a fallu les multiplier. Lorsque saint Jean écrivait, cinq de ces empires
avaient déjà disparu : le royaume d'Egypte, d'As-
syrie, de Babylone, des Perses et des Grecs ; le
sixième, l'empire romain, subsistait encore, et
le septième, l'empire mahométan, ne devait
commencer que cinq siècles plus tard *Cinq
sont tombés, un existe, et l'autre n'est pas encore
venu* (1).

Tous ces empires ont été sataniques; ils ont
eu la haine de Dieu et des hommes. Ils ont dominé le peuple juif, l'ont rendu tributaire et
l'ont amené en captivité. L'empire romain,
après avoir ruiné le temple et la ville de Jérusalem, et vendu comme esclaves tous les Israélites, tourna sa fureur contre les chrétiens, et,
pendant trois cents ans, inonda la terre de leur
sang. Mais le plus terrible de tous, celui qui
fera le plus de mal à l'Eglise, c'est l'empire mahométan, sous le dernier de ses empereurs,
l'Antéchrist. Ce monarque sera comme une incarnation de Satan, la tête la plus puissante et
la plus cruelle de la bête. Il dominera la terre
entière, et dix rois lui seront soumis ; ce sont
les dix cornes de la septième tête (2).

Christ, mais ils n'osent, en pleine lumière évangélique, s'attri-
buer la nature divine ni exiger qu'on leur dresse des autels.
(1) xvii, 10.
(2) Saint Jean, xvii, 12, dit que les dix cornes de la septième
tête, sont dix rois qui feront la guerre à l'Agneau. « Les dix cornes que tu as vues sont dix rois qui n'ont pas reçu leur royaume ;
mais ils recevront la puissance comme rois pour une heure avec
la bête. Ceux-ci ont un même dessein, et ils donneront leur force
et leur puissance à la bête l'Antéchrist. Ceux-ci combattront
contre l'Agneau, mais l'Agneau les vaincra, parce qu'il est Seigneur des seigneurs, et Roi des Rois ; et ceux qui sont avec lui
sont appelés élus et fidèles. »
Daniel, vii, 7... 19-25, voit aussi l'Antéchrist combattant avec les
dix cornes contre les saints du Très-Haut. C'est la synagogue
satanique qui veut détruire l'Eglise chrétienne. Ces dix cornes
qui sortent de la tête du dragon, sont dix rois mahométans, qui

Saint Jean voit et décrit ici cette septième tête, cinq siècles avant qu'elle surgisse, et il va en parler plus longuement dans les chapitres suivants, car il veut prémunir l'Eglise contre ses séductions. Qu'elle ne se scandalise donc point de l'étendue de sa puissance. Dieu tirera le bien du mal ; il s'en servira pour châtier les hommes coupables, maintenir son peuple dans le devoir, exercer sa patience, et l'empêcher de s'amollir au milieu des biens terrestres. C'est pour montrer que tout est soumis à sa providence, et que ni l'homme ni l'enfer ne peuvent rien sans sa permission, qu'il a fait prédire, si longtemps à l'avance par ses prophètes, la succession des empires, leur caractère et leur durée. Ils ne feront que ce qu'il leur a permis de faire, et leur orgueil ne dépassera pas les bornes qu'il leur a tracées. Au commencement du chapitre suivant, nous reparlerons des sept empires du dragon.

II. *Or sa queue entraînait la troisième partie des étoiles, et elle, les jeta sur la terre.*

Les étoiles désignent ici tous ceux qui brillent dans l'Eglise par leur science et leur autorité, ceux qui dirigent et instruisent les fidèles, les docteurs et les évêques.

Saint Jean lui-même donne cette interprétation au premier chapitre de l'Apocalypse : *Les sept étoiles que tu as vues dans ma main, sont les sept anges, les sept évêques des sept églises* (1).

Saint Paul (2) avertissait les fidèles de se revêtir de l'armure de Dieu, afin de pouvoir tenir contre les embûches du diable ; que ceux qui sont au premier rang se souviennent de cet avertissement, car ils seront les premiers attaqués. Le vieux serpent les enlacera dans les plis tor-

veulent substituer, par les armes et la violence, l'Alcoran à l'Evangile.

Nous parlerons un peu plus bas du plan diabolique.

(1) I. 20.

(2) Ephés. vi, 11 et suiv.

tueux de ses sophismes, les séduira par ses flatteries et par l'appât des honneurs, des richesses et des plaisirs. Il les arrachera aux pures lumières de l'Evangile, et les précipitera dans les fausses lueurs de la raison et dans les ténèbres de l'erreur ; ils pataugeront dans le sensualisme, ils s'enfonceront dans la boue des passions. Qu'ils sachent que le dragon aux sept têtes peut frapper à coups redoublés avec sa terrible queue, et abattre sur la terre le tiers des pasteurs et des églises, comme il l'a fait du temps d'Arius et de Luther, et comme il le renouvellera surtout du temps de l'Antéchrist (1).

« *Pro* trahebat *Grœce est* συρει, *quod significat caudœ ictibus et voluminibus devolvere, indeque mittere in terram, ut casu elidantur et occidantur.* (2) »

Il importe de remarquer que l'apôtre, dans la vision de Patmos, voit le *grand dragon roux*, non tel qu'il était au moment de la révélation, mais tel qu'il devait être dans la suite des âges. A la fin du premier siècle, en effet, il n'avait pas encore fondé le septième empire, ni fait apostasier le tiers des pasteurs et des fidèles. Rome, alors, était maîtresse du monde entier ; ses empereurs étaient possédés de la haine des chrétiens. Satan pouvait bien croire que leur puissance triompherait de cette race détestée, et que bientôt il prévaudrait contre l'Eglise ; il ne songe donc pas à susciter un nouveau royaume.

III. A la fin du cinquième siècle, les choses ont bien changé de face. L'empire romain s'est effondré dans la corruption et sous les coups des barbares, et l'Eglise est debout, pleine de jeunesse et de vigueur. Elle progresse de jour en jour ; elle civilise et sanctifie les hordes qui devaient la détruire. Elle est même en train

(1) VIII, 7-12 ; IX 18.
(2) CORN.

de fonder une monarchie qui la protège contre tous ses ennemis, de sacrer un nouveau David qui la délivre des Philistins, de trouver une nouvelle tribu de Juda qui marche en tête des peuples chrétiens. Mille indices manifestent l'esprit qui l'anime. Les préoccupations du Pape et des évêques, l'émotion des églises des Gaules, les prières publiques qu'on adresse de tous côtés au ciel pour la conversion des Francs, leur victoire étonnante de Tolbiac, les miracles qui se multiplient autour d'eux, l'éclat des fêtes de Reims, le nombreux clergé qui y assiste, la pompe des cérémonies, les chants sacrés, la joie et l'espérance qui débordent de tous les cœurs, montrent clairement qu'il ne s'agit pas seulement de la régénération de quelques guerriers, mais qu'on baptise le peuple tant désiré, qu'on sacre le roi choisi d'en haut pour protéger les fidèles. On peut dire de Clovis ce que le Sauveur disait de lui-même : *Il y a ici plus que Salomon* (1).

Qu'il y a loin, en effet, de l'intronisation du roi d'Israël au sacre du roi des Francs ? Sur l'ordre de David, le Grand-Prêtre Sadoc et le prophète Nathan conduisent Salomon à la fontaine de Gihon, hors de Jérusalem, pour l'oindre de l'huile bénite. Le souverain pontife est revêtu de l'éphod orné de pierreries qui représentent le soleil, la lune et les douze signes du zodiaque, ou les douze Patriarches. Au baptistère de Sainte-Marie de Reims, c'est plus beau et plus solennel ; il y a plus que des symboles ; il y a la réalité. Ce ne sont pas les brillantes et les riches broderies des habits pontificaux de saint Remi qu'on admire, c'est la lumière du soleil de justice qui le revêt ; ce sont ses promesses qu'on entend. C'est l'influence de la lune mystique, Marie, et des douze constella-

_____

(1) Matth. xii, 42.

tions apostoliques, qui se font sentir de tous côtés, qui attendrissent les cœurs et les remplissent d'une sainte allégresse. Le sacre du roi d'Israël n'est qu'une ombre de celui du roi des Francs. Il faut aller sur les rives du Jourdain, où Jean baptise, pour y retrouver les merveilles de Reims. Le Christ a voulu que le baptême du fils aîné de son Eglise, du roi très chrétien qui devait porter son sceptre de fer, rappelât aux générations futures la gloire du sien. Rapprochez l'histoire des origines de notre monarchie du récit évangélique et vous serez étonné de cette harmonie.

Notre-Seigneur était nazaréen ; jamais le fer n'avait touché ses cheveux. A l'âge de trente ans, il inaugure son règne en recevant le baptême de Jean (1). Clovis, le chevelu, est aussi âgé de trente ans, lorsqu'il est baptisé et sacré par Remi. Le saint Précurseur est un simple lévite, fils d'une femme stérile ; il n'administre qu'un baptême de pénitence. Le saint archevêque de Reims est aussi fils d'une mère stérile, il a reçu la plénitude du sacerdoce, il baptise dans l'eau et dans l'esprit.

Lorsque le Sauveur sortit du Jourdain, l'esprit de Dieu descendit sur lui, en forme d'une colombe, les cieux s'ouvrirent et on entendit une voix du ciel disant : Celui-ci est mon fils bien-aimé en qui j'ai mis toutes mes complaisances (2).

De même, au baptême de Clovis, une grande lumière remplit l'édifice sacré, on entend une voix qui dit : *La paix soit avec vous, c'est moi, ne craignez point*; *persévérez dans mon amour*, et une colombe apporte du ciel le saint chrème pour les saintes onctions.

(1) Au commencement l'Esprit-Saint planait sur les eaux ; la terre sortit des flots et produisit des fleurs et des fruits... Nous devons tous renaître de l'eau et de l'esprit avant de fructifier pour le ciel. C'est une loi universelle.

(2) MATTH. III, 16 et 17.

Enfin le prince de ce monde tente Notre-Seigneur d'ambition ; il veut lui donner tous les royaumes de la terre. Quand l'esprit mauvais s'est retiré, les anges s'approchent pour servir le bon maître. Nous allons voir, un peu plus bas, ces mêmes anges repousser le tentateur qui veut offrir à Clovis l'empire du monde.

Qui ne serait frappé de ces analogies entre les deux baptêmes ? Si le Christ fait de si grandes choses en faveur du chef des Francs, n'est-ce pas pour en faire un grand protecteur de son Église ? Satan ne s'y trompe pas. Il est clair pour lui que ce Prince est l'enfant mâle que doit enfanter la femme revêtue du soleil, qu'il recevra le sceptre de fer pour régir toutes les nations et qu'il fondera une puissante monarchie qui marchera en tête de la chrétienté ; il doit donc empêcher la formation de l'empire franc. La chose sera facile, car tous les rois de l'Occident marchent sous ses étendards, ils sont ariens ou idolâtres (1).

D'ailleurs, si pendant les deux derniers siècles, il a pu dévaster le ciel de l'église, précipiter sur la terre ses étoiles les plus brillantes, entraîner dans les erreurs de Pélage, d'Arius, de Nestorius, d'Eutychès, etc... le tiers de ses docteurs et de ses évêques, ne pourra-t-il troubler la foi du néophyte royal et lui inspirer quelques sentiments d'ambition et de cupidité ? son plan d'attaque est arrêté, le succès n'est pas douteux. Enorgueilli de ses anciens triomphes et de ses récentes victoires sur les chrétiens, il va se montrer dans tout l'éclat de sa puissance et de sa force, il étalera devant le jeune barbare les séductions et les pompes du monde, lui fera sentir l'enivrement des sens, et lui offrira le

---

(1) Théodoric, roi d'Italie, Gondebaud, roi des Burgondes, Alaric, qui possède les trois quarts des Gaules et de l'Espagne et Thrasomond, roi des Vandales en Afrique, sont ariens et la majeure partie des peuples allemands, qui n'ont pas encore passé le Rhin, sont idolâtres.

sceptre de la monarchie universelle qu'il va établir en son honneur, il aura de grands rois pour sujets ; il les verra se prosterner à ses pieds pour recevoir ses ordres, lui faire hommage de leur couronne et lui apporter les trésors de la terre. L'histoire des siècles passés n'a rien de comparable avec les splendeurs et la magnificence du futur royaume ; les six empires qui ont successivement régi les peuples, ne peuvent en donner une idée, malgré leur étendue, leurs richesses et leur gloire.

Et un autre prodige fut vu dans le ciel : un grand dragon roux, ayant sept têtes et dix cornes, et sur ses sept têtes, sept diadèmes.

Or sa queue entraînait la troisième partie des étoiles, et elle les jeta sur la terre.

IV. *Et le dragon s'arrêta devant la femme qui allait enfanter, afin de dévorer son fils aussitôt qu'elle serait délivrée.* — Ce symbole d'un dragon aux sept têtes résume les pensées qui agitent Satan, au moment où il s'apprête à dévorer l'enfant mâle. Nous ferons remarquer que notre commentaire ne fait qu'expliquer et mettre en scène ces pensées. Clovis va être tenté comme Notre-Seigneur sur le sommet du mont de la Quarantaine ; il est bien à craindre qu'il ne sache repousser le tentateur, et qu'il ne se laisse séduire par ses brillantes promesses. Heureusement, le Sauveur qui connaît, par expérience, le danger et la violence de la tentation, et qui a prié dans le désert d'une manière spéciale pour le fils aîné de son Eglise, enverra son ange pour défendre le jeune roi des Francs, et tenir à distance le terrible dragon. Satan, qui connaît par le texte de ce chapitre la tendresse du Sacré-Cœur de Jésus pour le fondateur de la Monarchie française et l'ordre qu'il a donné à Michel de le protéger, ne se dirige pas sans appréhension vers Sainte-Marie de Reims, où Rémi achève de baptiser la nation des Francs. Les légions infernales le suivent, prêtes à admirer la stratégie de leur chef et à le soutenir s'il est attaqué. Mais au moment où le vieux serpent s'élance et agite ses ailes de chauve-souris, Michel l'arrête dans son vol et lui barre le passage. En un clin d'œil, les esprits infernaux accourent au secours de leur roi et les anges fidèles se serrent autour du saint ange. Chacun connaissant sa place de combat, les deux armées sont bientôt rangées. Jamais vision aussi étonnante n'avait été offerte aux regards de l'homme. D'un côté des milliers d'anges armés pour défendre le peuple élu du Christ, de l'autre, des milliers de démons prêts à combattre pour l'empire du monde. A droite, l'armée de l'ordre, tout ce que le ciel a de plus beau, de plus pur, de plus noble ; à gauche, l'armée révolutionnaire, des millions de monstres, plus hideux les uns que les autres, tout ce que l'enfer a de plus horrible, de plus dépravé, de plus épouvantable. Les soldats ressemblent à leur chef, au dragon aux sept têtes et aux dix cornes ; un même esprit les anime, la même fureur les transporte. Les deux armées s'ébranlent , le choc est terrible, la mêlée affreuse. Les mauvais anges opposent une résistance opiniâtre ; mais l'amour est plus fort que la haine ; les bons les refoulent et les chassent du ciel. Ils tombent en rangs pressés et couvrent des étendues immenses de leurs phalanges meurtries. Le grand dragon, par sa masse colossale, domine tous les autres monstres. Il rugit, il écume, il blasphème, sa rage est au comble. Il voudrait s'élancer de nouveau et recommencer le combat. Il ne peut ; Michel appuie son pied vainqueur sur sa tête et le force à mordre la poussière.

V. *Et il se fit un grand combat dans le ciel ; Michel et ses anges combattaient contre le dragon, et le dragon combattait et ses anges aussi.*

8. — *Mais ils ne prévalurent pas ; aussi leur place ne se trouva plus dans le ciel.*

9. — *Et ce grand dragon, l'ancien serpent, qui s'appelle le Diable et Satan, et qui séduit tout l'univers, fut précipité sur la terre, et ses anges furent jetés avec lui.*

Bien longtemps auparavant, il avait été chassé une première fois du même ciel sidéral où il avait été créé, lorsque Dieu, pour éprouver sa foi et son amour, lui fit connaître la future incarnation du Verbe et l'obligation où il serait de l'adorer, de le servir et de travailler au salut des hommes, membres de son corps mystique. D'après de grands théologiens, Lucifer n'aurait pas voulu obéir à ces décrets, prétendant que le Verbe devait se faire ange et non homme. Adorer, servir un Dieu-homme ; être le gardien des hommes, vivre en leur société, ne serait-ce pas ravaler la nature angélique ? Il n'obéira donc pas à un inférieur.

Qui est comme Dieu ! crie Michel, à la tête des anges fidèles ; et il le chasse du ciel ainsi que tous les esprits qu'il a entraînés dans sa révolte. Il put y remonter peu de temps après, lorsqu'il devint prince de ce monde par sa victoire sur notre premier père. *Cœlum cœli Domino, terram autem dedit filiis hominum.* Adam était le roi de la création, de la terre et des astres qui ont été créés pour lui. Par sa désobéissance, il perdit l'empire du monde et devint esclave de la mort et de Satan. Le Sauveur, par sa Passion, a satisfait à la justice de Dieu ; a rétabli l'homme dans ses droits et a donné à son Eglise le pouvoir d'exorciser les démons ; mais ce n'est qu'en ce jour, le 25 décembre 496, que Michel les chasse une seconde fois des astres où ils ne pourront reparaître : *et il se fit un grand combat dans le ciel : Michel et ses anges combattaient contre le dragon, et le dragon combattait, et ses anges aussi ; mais ils ne prévalurent pas ; aussi leur place ne se trouva plus dans le ciel.*

Qui pourrait raconter en détail tout le mal

que ce grand dragon a fait à l'homme pendant les quarante siècles qu'il a dominé la terre, depuis le moment où il présenta le fruit défendu à notre première mère, jusqu'au moment où il s'apprête à dévorer l'enfant mâle ?

N'ayant ni le temps ni les connaissances nécessaires pour faire une telle histoire, contentous-nous de dire quelques mots des six noms que saint Jean donne ici au démon. Il l'appelle Satan, diable, ancien serpent, séducteur, accusateur, grand dragon : *Et ce grand dragon, l'ancien serpent, qui s'appelle le diable et Satan, qui séduit tout l'univers... l'accusateur de nos frères, fut précipité sur la terre.*

Satan signifie adversaire : c'est le nom le plus caractéristique de l'ange déchu. Nous savons que l'orgueil et la jalousie ont fait du plus beau des esprits un ennemi implacable de tout bien, l'adversaire du Christ et de Dieu. Il fera tous ses efforts pour empêcher l'avènement de leur règne, et pour pervertir l'homme qu'ils veulent sauver. Il obscurcit la vérité, il parodie le vrai culte, il altère la révélation ; et l'humanité ne se lassant pas d'attendre le rédempteur promis, il fait paraître en tous lieux de faux Christs, pour la troubler dans ses espérances et lui ravir sa foi. Son audace va encore plus loin ; ne pouvant arracher des cœurs la croyance à l'Etre suprême, il en corrompt la notion, et à force de prestiges mensongers, d'oracles et de menaces, il fait offrir un encens sacrilège à de vaines idoles. Sous ces formes matérielles. la divinité n'est ni assez avilie, ni assez corruptrice. Il élève des autels aux passions les plus honteuses, et offre à la vénération des peuples des homicides, des ivrognes, des voleurs et des adultères. Les cieux racontent la gloire de leur créateur ; ils représentent sous une forme sensible les choses spirituelles. Il les envahit à leur tour, et les peuple de dieux et de déesses, dignes de tous les mépris et souillés de tous les crimes. Il possède toutes les créatures, les détourne de leur fin, et les fait servir à outrager Dieu et à corrompre l'homme.

Satan séduit tout l'univers. Bannir le culte de Dieu de la terre et se faire adorer à sa place, était un résulat capable de flatter sans doute l'orgueil de l'ange révolté, mais qui ne peut assouvir sa haine et sa jalousie. Il ne suffisait pas d'avoir détaché l'homme de son créateur ; il fallait le rendre complice de tous les crimes de l'enfer pour en faire ensuite l'éternelle victime. Telle a été l'occupation de Satan pendant quatre mille ans. C'est à dégrader l'homme, à défigurer l'image divine, à en effacer tous les traits célestes, à la traîner dans la boue qu'il a employé toutes les ressources de sa puissante intelligence. Il a tout fait servir à cette œuvre de haine : famille, société, lois, autorité, culte, temples, amphithéâtres, fêtes publiques, il a tout souillé, tout vicié pour démoraliser l'homme, le faire descendre au-dessous de la brute et lui faire oublier ses destinées immortelles. Ses efforts ont été couronnés d'un plein succès ; il a séduit l'humanité tout entière, et, à l'exception du peuple hébreu, toutes les nations marchaient sous ses étendards, et s'enfonçaient de plus en plus dans les ignominies du paganisme et les hontes de la chair.

L'ancien serpent. Le serpent est le plus rusé des animaux, il s'insinue sans bruit, et là où sa tête passe, son corps suit aisément. Son venin est mortel, son regard fascine, ses replis tortueux sont l'emblème de l'astuce et de la ruse. Aussi est-il l'animal préféré du prince des ténèbres (1). C'est sous cette forme qu'il a inoculé son venin à nos premiers parents et qu'il s'est fait adorer dans tous les temples fameux. C'est

(1) Voir dans le Règne millénaire quelques autres raisons qui ont porté Satan à adopter la forme du serpent.

le serpent qui a propagé l'idolâtrie sur la terre, qui a enseigné la magie aux hommes, et qui présidait aux mystères infâmes. C'est lui qui faisait parler les oracles et qui inspirait les pythonisses. « Dans les annales religieuses des peuples, pas un prestige que le serpent n'accompagne, pas un miracle qu'il n'explique. Tout ce qui ne tient pas à Jésus l'adore ou le prie en tremblant. Partout le serpent sacré a son temple et ses prêtres ; à Rome, la Vestale est préposée à sa garde et prépare ses repas avec le même soin qu'elle entretient le feu sacré. En Grèce, Esculape ne guérit rien sans lui. Pas une Bacchante qui ne l'enlace à ses cheveux, pas un Augure qui ne l'interroge avec soin, pas un Nécromancier dont il n'habite les tombeaux.

Les Caïnites et les Ophytes l'appellent créateur, tout en reconnaissant qu'il est le mal en substance et en personne (1). »

Mais le véritable, le bon serpent a été attaché à la croix et il a fait fuir le mauvais. Ses ruses sont éventées, ses prestiges sans force, ses oracles sont muets, ses mystères n'inspirent que de l'horreur et un profond dégoût.

L'Eglise croît de jour en jour, elle purifie les temples et les consacre à la mémoire de ses martyrs. Les dieux sont méprisés, les idoles disparaissent du sein de la catholicité, le divin empereur n'est plus, la divine Rome, le fétiche de l'univers, sèche sur pied. Les barbares la dépouillent de ses richesses, pillent, incendient ses temples ; la peste, la famine déciment les rares habitants que le feu a épargnés, Babylone ne peut plus corrompre la terre par le spectacle de sa luxure et de sa sensualité ni l'enivrer du vin de ses fornications. Ce n'est qu'un désert, et les chrétiens qui viendront la repeupler, ne réclameront plus les fêtes païennes, ils en auront

(1) MIRVILLE ; *des esprits.*

perdu le souvenir. Les mœurs s'épurent, la foi se répand de plus en plus ; la peur avait fait les dieux, l'amour les renverse ; le Christ triomphe et Satan est vaincu. Il est vaincu dans ses temples ; il est vaincu dans l'empire, il est vaincu dans sa capitale ; Michel vient de le chasser du ciel et de le précipiter sur la terre. L'antique malédiction va se réaliser : *Maledictus inter omnia animalia et bestias terræ ; super pectus tuum gradieris et terram comedes cunctis diebus vitæ tuæ* (1).

Le grand dragon. L'ange déchu est un rusé serpent ; il est aussi un dragon cruel. On trouve à l'état fossile, dans les couches terrestres, le squelette de lézards volants de 26 mètres de long. Ces animaux gigantesques sont trop petits pour donner une idée de la force et de la puissance du dragon infernal. Celui qu'a vu saint Jean était autrement monstrueux, il avait sept têtes et dix cornes, et sa queue traînait le tiers des étoiles du ciel. Tel est l'emblême du grand pouvoir qu'a possédé, pendant quarante-cinq siècles, le prince de ce monde. Il a poursuivi de sa haine les enfants de Dieu et a armé le bras des tyrans pour les persécuter. Il s'est servi de l'empire romain pour exterminer les chrétiens, les dépouiller de leurs biens, les jeter en prison et les faire mourir au milieu des tortures les plus affreuses. Malgré les promesses du Christ à son Eglise, il espérait bien prévaloir contre elle et la noyer dans le sang.

VI. Il a été déçu dans ses espérances ; la hache des bourreaux s'est émoussée, les faisceaux se sont rompus, la force publique lui a échappé des mains ; il ne la dirige plus. Les Barbares ont balayé les empereurs et l'empire avec ses lois oppressives et corruptrices, avec ses institutions païennes, et ont embrassé eux-mêmes la foi

---

(1) GEN. III, 14.

chrétienne. Le dragon a perdu ses meilleurs appuis ; il est vaincu. Sa gueule enflammée n'épouvante plus, ses dents ne peuvent plus broyer, ses griffes ne déchirent plus, sa queue est inerte. Le plus humble des chrétiens, par un signe de croix, le met en fuite ; Michel vient de le chasser du ciel ; il gît à terre ; ses couronnes roulent dans la poussière : *Projectus est draco ille magnus, in terram.*

L'ancien serpent qui s'appelle le Diable..... l'accusateur de nos frères qui les accusait devant notre Dieu jour et nuit. — D'après Cornélius, le mot Diable vient du mot Grec διαϐάλλειν, qui signifie calomnier, accuser.

Satan ne s'est pas contenté du rôle de séducteur ; il a ambitionné celui d'accusateur. Après avoir fait l'impossible pour entraîner l'homme dans le mal, il l'a poursuivi jusqu'au trône de Dieu pour lui reprocher ses fautes. Sa mémoire aussi implacable que sa haine, n'a rien oublié. Elle se complaît à rappeler les moindres imperfections, et note avec soin la sentence du juge pour la faire exécuter éternellement dans toute sa rigueur.

Les justes, surtout, excitent sa fureur ; il les accuse nuit et jour devant Dieu ; et, quand il ne peut attaquer leur conduite, il incrimine leurs intentions. Il est trop orgueilleux, trop égoïste, pour croire à la sincérité de la vertu. Il y a deux choses qu'il n'a jamais pu comprendre : l'humilité et le dévouement. C'est par crainte ou par intérêt que le chrétien mène une vie chaste et pure ; il n'a que les apparences de la sainteté. Qu'on lui permette donc de démasquer leur hypocrisie, et de démontrer la faiblesse de leur piété. Dieu écoute le Calomniateur et se sert de sa malice pour éprouver ses saints, faire briller leurs vertus, les rendre humbles, et les empêcher de s'endormir dans une oisive sécurité. L'histoire de Job nous offre un exemple mémorable de la jalousie de Satan, et des permissions que Dieu lui donne pour augmenter les mérites des élus. Quelle gloire pour l'Eglise d'avoir triomphé de la cruauté des tyrans et de la fureur de l'Enfer ! Des millions de martyrs, de tout âge, de tout sexe, de toute condition, ont versé leur sang pour rendre témoignage à Jésus-Christ.

L'épreuve est concluante : on ne peut suspecter la foi de témoins aussi désintéressés. Dieu va donner la paix à son Eglise, et ne permettra pas au calomniateur de la décimer par des persécutions aussi terribles que par le passé. *Et projectus est Diabolus, accusator fratrum nostrorum, qui accusabat illos ante conspectum Dei nostri die ac nocte.* Le royaume des cieux souffrira toujours violence ; la porte n'en sera pas élargie ; mais des vertus moins éclatantes que celles des martyrs, quoique non moins réelles, pourront le conquérir. L'heure de ces vertus ordinaires sonna pour les Gaules avec le baptême de Clovis. A dater de cette époque, jusqu'à la Révolution, la foi peut se développer librement dans notre patrie ; nos rois se firent toujours un devoir de l'honorer et de la protéger. *L'accusateur de nos frères qui les accusait devant Dieu jour et nuit, fut précipité sur la terre, et ils l'ont vaincu par le sang de l'agneau, et par le témoignage qu'ils ont rendu à sa parole ; et ils ont méprisé leur vie jusqu'à souffrir la mort.*

Ce verset nous fait connaître la conduite de la Providence à l'égard de l'Eglise. Saint Jean y annonce, quatre cents ans avant que le grand dragon ne soit précipité sur la terre, qu'elle ne triomphera de ce terrible ennemi que par le sang de l'Agneau, et que Michel ne le chassera du ciel que lorsqu'elle l'aura chassé des cœurs, et qu'elle aura versé son sang pour rendre témoignage à la vérité. Etudions cette économie de la grâce, car les luttes de la fin ressembleront à celles du commencement ; notre ennemi ne sera désarmé et relégué pour toujours en enfer, que lorsque nous l'aurons vaincu par notre foi et notre patience.

Depuis quatre mille ans, Satan tyrannise la pauvre humanité et la plonge de plus en plus dans le sensualisme et dans les ignominies de la chair. Dieu a enfin pitié de la terre, et envoie son Fils unique pour en chasser l'usurpateur, dissiper les ténèbres qu'il a amoncelées depuis tant de siècles, et briser les fers qu'il fait peser sur les enfants d'Adam.

Par sa vie pauvre et mortifiée, il leur apprend à mépriser les plaisirs et les richesses et à fouler aux pieds les pompes du monde. Il leur enseigne l'obéissance et le respect dus à son Père, et meurt pour leur salut. Satan s'applaudit de ses humiliations et de ses souffrances, et ne s'aperçoit pas qu'en faisant mourir le juste, il perd les droits qu'il avait acquis par la chute du premier coupable. Le divin crucifié, en effet, attire tout à lui, et son sang régénère le monde. A la vue d'un tel amour et d'un tel sacrifice, l'homme comprend la noblesse de son âme et la grandeur de Dieu ; il déplore ses égarements et s'efforce de conquérir la gloire céleste par une vie sainte et pure. Le sang de l'Agneau lave les souillures de son âme, diminue les ardeurs de la concupiscence, et le fait triompher de tous les assauts de l'enfer et des passions. Abreuvés par ce sang divin, les Apôtres se glorifient de ne savoir que Jésus-Christ crucifié ; ils attaquent hardiment le prince de ce monde, délivrent les possédés, prêchent en tous lieux la doctrine de leur maître, et meurent pour en attester la vérité. La lumière évangélique se répand peu à peu, les chrétiens se multiplient, les temples des dieux sont déserts, leurs autels sont abandonnés, les idoles croulent, les ténèbres se dissipent, les démons fuient, et la croix domine en tous lieux.

Il a fallu bien des efforts pour remporter la victoire ; la lutte a été longue et sanglante ; mais la foi des chrétiens a triomphé de la haine de Satan et de la fureur de ses ministres, *et eux l'ont vaincu par le sang de l'Agneau et par la parole de leur témoignage ; et ils ont méprisé leurs vies jusqu'à souffrir la mort.*

Le grand dragon ne peut se résoudre à abandonner sa proie. Ne trouvant plus de persécuteurs ni de bourreaux qui veuillent ou qui osent torturer les fidèles, il va reprendre son vieux rôle de menteur et de sophiste : il leur tendra mille pièges, et remplacera la violence par la séduction. Mais que son prestige est affaibli ! Autant la société païenne favorisait son action, autant l'Eglise paralyse ses efforts. Il peut encore mordre l'homme au talon, faire briller à ses yeux l'éclat des biens extérieurs, exciter les ardeurs de la concupiscence, exalter l'orgueil, enflammer la colère, envenimer les haines, semer la discorde : ses succès seront limités et passagers. La lumière évangélique se répand de plus en plus, les consciences sont éclairées ; les masses ne se laissent plus entraîner, ce n'est que par ruse qu'il peut s'insinuer dans les cœurs et faire quelques victimes isolées, ses défaites seront aussi nombreuses que ses victoires. Il ne surprendra que les esprits légers et présomptueux ; le chrétien fidèle et humble repoussera ses attaques et méprisera ses suggestions. Satan n'est plus pour lui le maître du monde, le grand dragon, le serpent fascinateur, le séducteur de l'univers ; ce n'est plus qu'un misérable esprit, un ennemi à moitié désarmé, qu'il pourra vaincre avec un peu de vigilance.

Le triomphe de l'Eglise sur l'enfer est bien sensible dans les Gaules, au commencement du VIᵉ siècle. Les mœurs s'adoucissent de jour en jour, l'autorité des évêques est prédominante, le clergé est aimé et respecté, les solitudes voient accourir les religieux, des monastères s'élèvent de toutes parts, la foi se répand de plus en plus, la piété est en honneur chez les grands et chez les petits. L'idolâtrie peut bien y conserver quelques adeptes dans quelques coins reculés ; mais les saturnales païennes ne pourront se reproduire au grand jour, les bacchantes ne seraient pas applaudies des peuples qui ont admiré la piété des Clotilde et des Radegonde, et la vertu officielle des Vestales serait bien pâle à côté de la sainteté des Geneviève ; un esprit nouveau souffle sur le monde, le grand séducteur ne l'inspire plus. Il ne peut promettre à ses adorateurs les royaumes de la terre, il n'en dispose pas. Le charme a disparu, la foi a brisé sa puissance, le Christ est vainqueur.

La conversion de Clovis porta un rude coup à l'idolâtrie en Occident. Le xxxe canon du concile d'Orléans, tenu dans cette ville quinze ans plus tard, et où assistaient trente évêques des Gaules, menace d'excommunication quiconque pratiquera la divination, l'observance des augures, ou les susperstitions faussement appelées *sorts des saints* ; mais il ne parle pas ni des sacrifices, ni des pratiques idolâtriques. C'est que le culte des idoles a déjà disparu des Gaules, de l'Espagne, de l'Italie et des parties de l'Asie et l'Afrique qui avaient été soumises à Rome. Au commencement du vie siècle, en effet, la foi chrétienne dominait dans presque tout l'empire romain, et en avait banni le culte des idoles. Les démons n'avaient plus ni prêtres, ni sacrifices, ni temples, ni bois sacrés. Si quelques astres portaient encore le nom des faux dieux, personne ne leur attribuait la nature divine. Donc, à la fin du ve siècle, les fidèles, fortifiés par le sang de l'Agneau, avaient déjà vaincu Satan, et ruiné son empire, lorsque, à l'occcasion du baptême de Clovis, Michel le chassa du ciel.

10. — *Et j'entendis une voix forte dans le ciel, disant : Maintenant le salut de notre Dieu est affermi, et sa puissance et son règne, et la puissance de son Christ ; parce que l'accusateur de nos frères, qui les accusait jour et nuit devant notre Dieu, a été précipité.*

11. — *Et ils l'ont vaincu par le sang de l'agneau, et par le témoignage qu'ils ont rendu à sa parole ; et ils ont méprisé leur vie jusqu'à souffrir la mort.*

12. — *C'est pourquoi, cieux, réjouissez-vous, et vous qui y habitez. Malheur à la mer, parce que le diable est descendu vers vous, plein d'une grande colère, sachant qu'il lui reste peu de temps.*

Le combat a cessé ; les monstres infernaux jonchent le sol ; ils se tordent dans des convulsions impuissantes. Les armées célestes remontent dans les cieux pour aller célébrer, dans le sein de Dieu et aux pieds du trône de l'Agneau, la victoire qu'ils viennent de remporter en son nom et par sa vertu. Dans l'ordre du jour que leur chef leur adresse, l'archange Michel énumère en quelques mots les conséquences de la défaite de Satan et de ses légions, invite les anges et les saints à s'en réjouir, et avertit la terre des dangers qui la menacent. Etudions avec soin ce texte important, et nous verrons que les événements qu'il annonce se sont réalisés, comme les précédents, du temps de Clovis.

Et j'entendis une voix forte dans le ciel, disant : Maintenant le salut de notre Dieu est affermi, et sa puissance et son règne. — Dieu est le maître absolu de toutes choses. Il a créé tous les êtres, il les conserve et leur donne le mouvement et la vie (1). Nous ne pouvons ni augmenter, ni diminuer son souverain domaine. Il dirige tous les événements, et pas un cheveu de notre tête ne tombe sans sa permission. L'action de sa providence, quoique

_____

(1) Actes, XVII, 10.

réelle, n'apparaît pas toujours d'une manière sensible. Elle se dissimule derrière les causes secondes, et laisse, quelquefois, une telle latitude aux démons, qu'elle semble leur abandonner la conduite des choses de ce monde. Ils détournent les créatures de leur fin, les font servir à la perversion des hommes, et mettent le trouble et la confusion dans la nature. A leur instigation, les méchants font la guerre aux bons, le fort dépouille le faible, les tyrans persécutent les fidèles, les hérétiques corrompent la vérité. La justice et la paix ne régneront sur cette terre, et l'ordre n'y sera entièrement rétabli, que lorsque le Christ aura écrasé la tête du serpent, selon la promesse faite à notre premier père, qu'il l'aura relégué en enfer pour toujours, qu'il aura tué l'Antéchrist et tous ses partisans, et qu'il aura pris possession du trône de David, son père. Alors, il n'y aura plus ni tentations, ni scandales, mais l'effusion de tous les dons du Saint-Esprit. Tous seront justes, tous seront saints ; et ceux qui auront survécu à la grande tribulation, chanteront le cantique de la délivrance et ne se lasseront pas de remercier le Seigneur de les avoir arrachés à la puissance des ténèbres. Ils verront clairement leur néant et la grandeur de Dieu ; que tout don parfait vient de lui, qu'il est le principe de leur être, de leurs mérites et de leurs vertus. Ils adoreront sa volonté sainte et seront heureux de s'y conformer. Saint Jean les a vus autour du trône proclamant que la vertu et le salut vient de lui : *Je vis une grande troupe que personne ne pouvait compter de toutes les nations, de toutes les tribus, de toutes les langues, qui étaient debout devant le trône et devant l'Agneau, revêtus de robes blanches ; et des palmes étaient en leurs mains. Et ils criaient d'une voix forte, disant : Le salut vient de notre Dieu qui est assis sur le trône, de l'Agneau* (1).

(1) VII, 9 et 10,

L'avènement du règne de Dieu qu'annonce ici Michel, après avoir terrassé le dragon aux sept têtes, n'est pas le règne parfait de l'ère millénaire, puisque Satan n'est pas enfermé pour toujours dans les enfers, et qu'il peut encore porter l'homme au mal. Néanmoins, depuis sa défaite, sa malice est en partie bridée ; la tentation étant moins forte, le salut sera plus facile. L'Esprit-Saint pourra répandre ses dons avec plus d'abondance dans le cœur de l'homme et y faire germer toutes les vertus. Le bien l'emportera sur le mal, et le règne de Dieu arrivera sur la terre : *Nunc facta est salus et virtus et regnum Dei nostri.*

Demandons-nous donc, si au commencement du vi^e siècle, il y eut dans l'Eglise une floraison plus abondante de saints ? Il est notoire qu'à cette époque, les Barbares entrèrent en masse dans son sein ; Clovis reçut le baptême et toute la nation des Francs suivit son exemple. Sigismond, roi des Burgundes, abandonna l'arianisme, et embrassa la foi catholique avec son peuple. Il fonda à Agaune, sur le tombeau des martyrs de la légion Thébéenne, le monastère de Saint-Maurice, où neuf cents religieux, divisés en neuf chœurs, devaient célébrer nuit et jour les louanges de Dieu. L'Eglise a mis au nombre des saints ce prince pieux et pénitent. La Grande Bretagne et l'Irlande méritèrent alors le titre d'*Iles des saints*. Saint Dubrice, archevêque de Caërlen, expliqua pendant sept ans les Saintes Ecritures. Ses leçons éloquentes attirèrent jusqu'à mille élèves autour de sa chaire. Saint David, archevêque de Menevie, fonda douze monastères. Saint Thélian, évêque de Landoff, saint Daniel, évêque du pays de Galles, saint Kentigern, évêque de Glascow, saint Finien, évêque de Clonard, saint Tigernake, évêque de Clones, saint Albès, archevêque de Munster, fleurirent à la même époque, et se

firent remarquer par leur science et par leur
zèle à propager la foi.

Il faut joindre à ces saints prélats les saints
abbés Cadoc, Colomb et sainte Brigide, patronne
de l'Irlande. Saint Cadoc abdiqua la couronne
pour embrasser la vie monastique; saint Colomb
fut le fondateur du grand monastère de Dair-
Magh. Sainte Brigide fonda un grand nombre de
monastères, et dirigea une multitude de vierges
chrétiennes.

La piété n'était pas moins florissante dans les
églises des Gaules. On y voyait des saints de
tout rang et de toute condition, depuis sainte
Clotilde et sainte Radegonde jusqu'à l'humble
bergère de Nanterre, sainte Geneviève ; depuis ·
saint Cloud jusqu'au pieux Séverin, son directeur. Les invasions incessantes, en arrachant les
Gallo-Romains aux séductions des richesses et
aux dangers de l'oisiveté, avaient donné aux
âmes une mâle énergie. Une foule de chrétiens
des deux sexes, désabusés du monde, s'étaient
retirés dans la solitude pour y pratiquer la perfection évangélique. C'est par milliers qu'on
comptait les ermites, les moines et les religieuses
qui remplissaient les nombreux monastères.

« La plupart des villes et des villages modernes de l'Auvergne doivent leur origine à des
communautés qui se formèrent à travers les
invasions du ve et du vi^e siècle, et où les Arver-
nes catholiques cherchaient un refuge contre la
persécution arienne et contre les calamités... Il
y en eut un, fondé vers 525, qui reçut le nom de
monastère *Arverne*, comme si toute la nationa-
lité du pays s'y fut réfugiée. Les anachorètes et
les stylites même y apparurent comme dans les
déserts de la Mésopotamie... (1) »

L'Auvergne n'était pas la seule terre qui favo-
risât le développement de l'arbre monastique ;

(1) MONTALEM. *Moines d'Occid.* t. I, p. 251.

il croissait dans la Gaule entière. Pour nous en convaincre citons les paroles du même auteur sur Innocentius, évêque de Cénomans (1) :

« Non content des quarante monastères qu'il avait vus naître pendant son épiscopat dans le pays des Cénomes, il voulut encore enrichir son diocèse d'une colonie formée par les disciples du nouveau législateur des cénobites. Benoit confia cette mission au plus cher et au plus fervent de ses disciples, au diacre Maurus, qui partit le 11 janvier 547, avec quatre autres religieux : Faustius, Simplicius, Antoine et Constantinien (2). »

Les évêques étaient les moteurs et les régulateurs de ce grand mouvement qui portait les âmes vers la vie religieuse, ils dominaient tout par le prestige de leur caractère, par leur science, par leur zèle apostolique, par l'éclat de leurs vertus. Citons ici les noms des plus illustres, et joignons-y ceux de quelques autres saints personnages de cette époque à jamais mémorable de notre histoire.

Saint Remi, archevêque de Reims et vicaire apostolique ; saint Avit, archevêque de Vienne ; saint Césaire, archevêque d'Arles ; saint Quintien, évêque de Rodez ; saint Naamas ; saint Vaast, évêque d'Arras ; saint Séverin, abbé du monastère d'Agaune ; saint Galactorius, évêque du Béarn ; saint Lizier, évêque de Consérans ; saint Euphrosius, évêque de Clermont ; saint Maixent et saint Fridolin, moines ; saint Genebaud, évêque de Laon , saint Gildard, métropolitain de Rouen ; saint Loup, évêque de Soissons ; saint Eumélien, évêque de Troyes ; saint Mélaine, évêque de Rennes ; saint Levange, évêque de Saintes ; saint Théodose, évêque d'Auxerre ; saint Aventin, évêque de Chartres ; saint Sylvestre, évêque de Châlons-sur-Saône ; saint Gré-

(1) Le Mans.
(2) *Moines d'Occid.* t. II, p. 273.

goire, évêque de Langres ; saint Avit, abbé de Micy ; saint Euspicius et saint Maximinus, moines ; saint Gal, évêque de Clermont ; saint Aventin ; saint Phal ; saint Maur, abbé de Glanfeuil ; saint Médard, évêque de Noyon ; saint Germain, évêque de Paris.

Les saints sont le sel de la terre et la lumière du monde (1). Leur action n'est bornée ni par l'espace ni par le temps : elle s'étend indéfiniment et fait naître en tous lieux des fruits de salut. Leur vie est comme un sillon lumineux où ils déposent leurs vertus et d'où germeront d'abondantes moissons de sainteté.

Le souvenir de leurs exemples ne s'éteint pas avec leur existence ici-bas, et prolonge leur action bienfaisante bien au-delà du tombeau. Si les saints exercent une si grande influence sur la société qui les vit naître et mourir, nous pouvons nous faire une idée de l'esprit public au VIe siècle, alors que tant de saints évêques occupaient les sièges épiscopaux, que des essaims de religieux et de vierges chrétiennes quittaient tout pour travailler généreusement à leur perfection, et qu'on voyait des rois et des reines donner, jusque sur le trône, l'exemple de toutes les vertus. Sous le règne de Clovis, la piété prit un grand essor dans les Gaules ; l'Eglise pouvait prêcher librement l'évangile dans presque tout l'Occident, le bien l'emportait sur le mal, la puissance de Satan était amoindrie, et l'histoire, comme Michel, dit que le règne de Dieu était arrivé sur la terre : *Nunc facta est salus, et virtus et regnum Dei nostri.* L'archange vainqueur ajoute : *Et Potestas Christi* ; l'amoindrissement de la puissance de Satan affermit celle du Christ.

Le Verbe incarné, en tant que Dieu, est égal à son Père. Le Père et le Fils ont une même

(1) Math. v, 3 et 4.

puissance et une même divinité. Quand le règne du Père arrive, le règne du Fils arrive également.

En tant que Fils unique, né dans le temps, il
est l'héritier universel du Père. Le ciel et la
terre, les anges et les hommes, font partie de
son héritage. Il est le roi de la création, le chef
de la créature ; les anges et les hommes sont
appelés à être les membres de son corps mystique ; il aspire à rentrer dans le sein d'où il est
sorti avec tous ses membres, avec tous ses frères, avec tous ses sujets. Il désire que les hommes ne soient qu'une même chose avec lui et
avec son Père pour qu'ils jouissent de sa gloire.
Il les a tant aimés, qu'il est descendu pour les
racheter, pour les sauver. Ainsi nous lui appartenons par droit de naissance et par droit de
conquête. De plus, son Père, pour le récompenser de son obéissance, de son zèle et de son humilité, lui a donné toutes les nations en héritage : *Dominus dixit ad me : Filius meus es tu,
ego hodie genui te. Postula a me, et dabo tibi gentes hereditatem tuam et possessionem tuam terminos terræ* (1).

VII. Le Christ est donc notre roi à bien des titres ; toutefois, depuis son Ascension dans le ciel,
il n'en remplit pas la fonction d'une manière extérieure et sensible ; il a délégué ses pouvoirs à
son Vicaire, jusqu'à ce qu'il vienne régner visiblement. Il l'a envoyé, comme son Père l'avait
envoyé : *sicut misit me Pater, ego mitto vos.* Il
sera avec lui jusqu'à la consommation des siècles ; il lui a donné les clefs du royaume du ciel ;
tout ce qu'il lie sur la terre est lié dans le ciel,
et tout ce qu'il délie sur la terre est délié dans le
ciel. Il a prié pour lui pour que sa foi ne défaille pas, afin qu'il confirme celle des autres,
qu'il maintienne l'unité dans l'Eglise, et qu'il en

(1) Ps. II.

soit le fondement. Il enseigne, il explique la parole de Dieu et la conserve dans toute sa pureté ; il régit le troupeau confié à sa garde, les brebis comme les agneaux ; il reçoit dans le bercail les cœurs dociles et en chasse les rebelles. Nul ne peut assigner les limites de sa puissance : il peut tout ce qui est nécessaire au salut des âmes.

Les évêques, les prêtres, les clercs des différents ordres, l'aident dans le service divin ; il les envoie, comme il a été envoyé lui-même : quiconque les reçoit, reçoit Jésus-Christ lui-même ; quiconque les écoute, écoute Jésus-Christ ; quiconque les rejette, rejette le Sauveur lui-même.

Le prêtre est un autre Christ ; *nous faisons les fonctions d'ambassadeurs pour le Christ, Dieu exhortant par notre bouche*, disait saint Paul (1).

La hiérarchie ecclésiastique, c'est un cercle divin qui part de Dieu et qui doit retourner à Dieu ; c'est le sang qui, du cœur, va porter la vie jusqu'aux extrémités du corps, pour revenir constamment se renouveler au cœur. C'est un mouvement parti, sous l'impulsion de l'amour, du cœur de Dieu, se propageant parmi les créatures raisonnables pour tout ramener à Dieu, dit saint Denis. C'est l'échelle de Jacob qui va du ciel à la terre, par laquelle descend le Christ jusqu'à la dernière des âmes pour l'illuminer, la délivrer de l'esclavage des passions, la sanctifier et l'élever jusqu'à son Père.

Le ministère spirituel, le soin des âmes absorbe le sacerdoce. Il n'a pas le temps de vaquer à l'administration des choses temporelles ; c'est aux rois et aux pères de famille que ce soin incombe. Il ne peut courir aux frontières pour repousser l'invasion étrangère, ni ceindre le glaive pour faire respecter la propriété et les

(1) 2ᵉ Cor. v. 20.

droits des citoyens. Ce sont les chefs des peuples, les rois, les empereurs, les présidents, les gouvernements, quelle que soit leur forme, qui doivent veiller sur les intérêts matériels, faire trembler les méchants et rassurer les bons, protéger la vérité, faire régner la justice et maintenir le bon ordre et la paix dans l'héritage du Christ.

Les rois sont les ministres de Dieu pour le bien : *minister Dei in bonum.* Leur autorité émane de lui : *omnis potestas a Deo* ; c'est à lui qu'ils rendront compte de l'usage qu'ils en auront fait. Qu'ils s'en servent donc pour sa gloire et pour le peuple. Si Dieu veut qu'on leur obéisse en conscience, il veut aussi qu'ils commandent avec équité et avec modération ; ils ne doivent jamais chercher leur intérêt, mais celui de leurs sujets. A l'exemple du Sauveur, ils doivent se considérer plutôt comme les serviteurs de ceux qui leur sont confiés que comme leurs maîtres : *Non veni ministrari, sed ministrare.* Leurs lois doivent être en harmonie avec les lois divines et les lois ecclésiastiques, et l'Evangile doit régler leur conduite publique aussi bien que leur conduite privée. Soumis au pouvoir spirituel dans tout ce qui regarde le culte de Dieu et les enseignements de la foi, ils sont indépendants dans l'ordre purement temporel (1);

___

(1) Le prince pieux et zélé est nommé l'évêque du dehors et le protecteur des canons. (EUSÈBE, l. IV. *De vita Constantini* c. 24) Mais l'évêque du dehors ne doit jamais entreprendre les fonctions de celui du dedans. Il se tient, le glaive en main, à la porte du sanctuaire ; mais il prend garde de n'y entrer pas. En même temps qu'il protège, il obéit ; il protège les décisions, mais il n'en fait aucune. Voici les deux fonctions auxquelles il se borne : la première est de maintenir l'Eglise en pleine liberté contre tous ses ennemis du dehors, afin qu'elle puisse au dedans, sans aucune gêne, prononcer, décider, conduire, approuver, corriger, enfin abattre toute hauteur qui s'élève contre la science de Dieu. La seconde est d'appuyer ces mêmes décisions des quelles sont faites, sans se permettre jamais, sous aucun prétexte, de les interpréter. Cette protection des canons se tourne donc uniquement contre les ennemis de l'Eglise, c'est-à-dire contre les novateurs, contre les esprits indociles et contagieux, contre tous ceux qui refusent la

ils doivent donner.les emplois aux. plus dignes, aux plus vertueux, à de bons chrétiens. Ceux qui sont infidèles à Dieu, seront-ils fidèles à leur roi ? Des mécréants seraient zélés pour la re-religion ? Des enfants de Dieu peuvent-ils être soumis à des réprouvés, à des méchants ? Tant vaudrait faire garder les agneaux par les loups ! Le roi et ses aides, les fonctionnaires, doivent être de bons chrétiens pour exercer dignement le pouvoir du Christ, veiller sur ses frères, favoriser l'extension de son royaume.

Il est un troisième représentant de la puissance du Christ sur la terre qui doit être chrétien pour pouvoir remplir les devoirs de sa charge : c'est le père de famille. Le père n'est pas le despote de la famille ; la femme, le fils, le serviteur, ne sont pas sa chose, mais plutôt un dépôt sur lequel il doit veiller avec soin. Comme le pontife et le roi chrétien, il est le serviteur plutôt que le maître de ceux qui lui sont confiés. Si Dieu lui donne des enfants, ce n'est pas pour son seul agrément ; c'est afin qu'il les élève pour le royaume céleste, qu'il en fasse des cohéritiers de son Fils, d'autres Jésus-Christ, et comment remplira-t-il cette charge, si la foi ne le guide, si l'amour du Christ n'embrase son cœur ?

Ainsi tout pouvoir au ciel et sur la terre a été donné au Christ : *omnis protestas data est mihi in cœlo est in terra.* Le Christ le partage avec son Vicaire, avec les rois, avec les pères de famille. Ces trois pouvoirs ont donc une même origine : ils viennent de Dieu par le Christ ; ils

correction. A Dieu ne plaise que le protecteur gouverne, ni prévienne en rien ce que l'Eglise réglera ! Il attend, il écoute humblement, il croit sans hésiter, il obéit lui-même et fait autant obéir par l'autorité de son exemple que par la puissance qu'il tient dans ses mains. Mais enfin, le protecteur de la liberté ne la diminue jamais. Sa protection ne serait plus un secours, mais un joug déguisé, s'il voulait déterminer l'Église au lieu de se laisser déterminer par elle. » (FÉNEL, Disc. pour le sacre de l'Electeur de Cologne.)

doivent procurer la gloire de Dieu par le Christ.
Ils ne sont que les aides du Christ pour sanctifier, gouverner, élever les hommes vers Dieu.
Quoique souverains, chacun dans sa sphère, ils
ne sont pas indépendants. Dans les choses publiques, les pères de famille doivent suivre la
direction des rois ; et, dans les choses spirituelles, rois et sujets sont soumis aux pontifes.
Ils doivent donc rester unis, car ils forment une
hiérarchie sacrée dans le Christ. Le Pape Boniface VIII, dans la bulle *Unam sanctam*, enseigne
bien clairement la suprématie du Pontife sur
les rois : « Le glaive spirituel et le glaive matériel sont l'un et l'autre en la puissance de l'Eglise,
mais le second doit être employé pour l'Eglise,
et le premier par l'Eglise. Celui-ci est dans la
main du Pontife, celui-là dans la main des
rois et des soldats, mais sous la direction et la
dépendance du Pontife. L'un de ces glaives doit
être subordonné à l'autre, et l'autorité temporelle doit être soumise au pouvoir spirituel. »

Telle est la hiérarchie des pouvoirs qui ont
brillé dans l'Eglise pendant les siècles de foi. Ils
n'ont pu s'établir et dominer qu'après avoir
abattu la puissance du Prince de ce monde. Satan avait, en effet, révolutionné la religion,
l'état et la famille pour détourner l'homme de
sa fin. Le Christ veut le sanctifier pour l'unir à
Dieu, Satan s'efforce de le corrompre pour l'en
éloigner. L'un veut utiliser toutes les forces de
l'univers pour son salut, l'autre les a toutes organisées pour sa perdition. L'un veut que ceux
qui commandent se sacrifient pour le bonheur
de leurs sujets, l'autre leur inspire des sentiments d'ambition et d'orgueil, excite leur
égoïsme et leur convoitise, les rend sensuels et
durs, et leur persuade que le troupeau est pour
le pasteur, qu'ils peuvent le tondre, l'immoler
à leurs caprices et l'exploiter, sans qu'ils aient
le moindre compte à rendre de leur gestion.

Satan a ses esprits infernaux, ses prêtres, ses pontifes, ses empereurs, ses lois, ses institutions savamment engencées, qu'il oppose aux esprits célestes, au sacerdoce, aux rois chrétiens. Il faut lui enlever tous ces appuis, il faut le vaincre lui-même, avant que le règne du bien puisse s'affermir sur la terre. Aussi Michel n'annonce que le pouvoir du Christ est fondé que lorsque les chrétiens, par leur foi et par leur patience, ont triomphé de toutes les forces de l'enfer, et que lui-même a terrassé le grand dragon et l'a chassé du ciel : *Nunc facta est salus... et potestas christi...*(1).

Rouvrons de nouveau l'histoire, et voyons si à l'époque du combat de Michel contre le dragon, au vɪᵉ siècle, l'Eglise a déjà ruiné les puissances sataniques, si elle a discrédité les idoles et leurs prêtres, si elle a baptisé les empereurs, réformé l'empire avec ses institutions païennes, sacré les rois, assis la famille sur la sainteté et le dévouement, et si ses pontifes jouissent d'une autorité incontestée.

Notre-Seigneur chargea Pierre et les Apôtres d'établir son règne sur la terre. Ils n'ont pour conquérir le monde ni armée, ni soldats, ni argent, pas même un bâton, pas même un sou pour le voyage ; ils n'ont que leur foi, leur patience et leur grand amour pour le salut des âmes. Ils n'ont recours ni à l'émeute, ni à la révolte ; ils n'arment ni les bras des assassins, ni des empoisonneurs pour se délivrer de leurs persécuteurs. Que leur servirait-il d'attenter à la vie d'un despote, quand il faut déposséder l'empire tout entier, quand il faut transfigurer la société elle-même ? Ils respectent les autorités établies et leur obéissent, en tout ce qui n'est pas contraire aux prescriptions divines. Mais nulle force, nulle menace ne peut les empêcher de

(1) v. 10 ET 11.

remplir la mission qu'ils ont reçue de prêcher l'Evangile. Ils ne l'amoindrissent pas, ils ne l'accommodent pas à l'opinion du jour et aux préjugés de leurs auditeurs ; ils le transmettent comme ils l'ont reçu, le pratiquent fidèlement, et apprennent à leurs disciples à en faire la règle de leur vie.

Ces pontifes éclairent la conscience des fidèles et ne leur laissent pas ignorer leurs obligations. Ils font connaître aux maris leurs devoirs envers leurs épouses, aux pères envers leurs enfants, aux maîtres envers leurs esclaves, aux princes envers leurs sujets. Toute loi contraire à la loi éternelle est nulle et n'oblige pas : il vaut mieux obéir à Dieu qu'aux hommes. Le mariage est saint, un, indissoluble ; le pouvoir public ne peut permettre ni le divorce ni la polygamie.

Les empereurs ne peuvent proscrire le culte du vrai Dieu ni les assemblées chrétiennes. Les fidèles ne peuvent plaider devant les juges païens, ni accepter les fonctions publiques accompagnées de rites idolâtriques, et ils doivent éviter toutes les réunions, tous les lieux où leur foi et leurs mœurs seraient exposées.

Le pouvoir spirituel s'affirme de plus en plus ; il sépare les chrétiens des idolâtres, leur donne de saintes lois, les remplit de la doctrine du Christ, les abreuve de son sang, les nourrit de sa chair, les fortifie par ses sacrements, et en fait une société nouvelle. Cette société se forme et se développe petit à petit, comme se développent et se forment les œuvres divines, comme le chêne sort du gland, s'enracine dans le sol, s'élève dans l'espace, et couvre la terre de son ombrage. La violence n'a aucune part dans cette heureuse transformation ; elle est l'œuvre de la douceur et de la conviction. Comme le soleil monte peu à peu sur l'horizon, dissipe les ténèbres, chasse les nuages, inonde la terre de lumière et de chaleur, et fait mûrir les moissons

et les fruits ; ainsi le pouvoir spirituel s'est levé
sur le monde. Il a éclairé les consciences,
échauffé les cœurs, et à mesure qu'il a grandi et
que son action bienfaisante s'est étendue, les
ténèbres idolâtriques ont reculé, la puissance
satanique s'est dissipée, la liberté prend la
place du despotisme et les vertus morales et
surnaturelles s'épanouissent dans les contrées
qui n'ont porté jusque-là que des fruits de corruption et de mort. Il sort des catacombes, il
échappe à peine de la main des bourreaux, et
déjà il a pris un tel ascendant, il jette un tel
éclat, qu'il éclipse la majesté impériale. Pour
conserver le prestige de son diadème, Constantin
juge prudent de s'éloigner de Rome, et transporte à Constantinople le siège de l'empire.

Lorsque les persécutions cessent, lorsque la
paix est donnée à l'Eglise, le pouvoir pontifical
prend un nouvel essor, et rayonne sur toute la
chrétienté. Tous les fidèles savent et croient que
l'évêque de Rome est le successeur de saint
Pierre, le fondement de l'Eglise, le centre de la
catholicité, le pasteur des pasteurs, le docteur
universel, le juge suprême qui décide en dernier ressort, et dont nul ne peut réformer les
jugements. Là où est le Pape, dit saint Am-
broise, là est l'Eglise ; quand Rome a parlé, dit
à son tour saint Augustin, la cause est finie.

Il faudrait ici résumer l'histoire ecclésiastique
des premiers siècles, pour donner une idée de
l'action puissante des papes, et constater leur
suprématie. Il proscrit l'erreur, condamne les
hérétiques, maintient la discipline, résiste aux
ambitieux, réprime toutes les passions, envoie
des évêques là où ils manquent, encourage
toutes les œuvres, convoque, préside, confirme
les conciles, veille sur toute l'Eglise, et s'efforce
d'y maintenir l'union et la paix.

Dès le vɪᵉ siècle, les Souverains Pontifes jouissent de toutes leurs prérogatives. Tous recon-

naissent qu'ils ont reçu la plénitude de la puissance, qu'ils tiennent la place du Christ sur la
terre. Quel pouvoir a-t-il manqué à saint
Léon Ier, à saint Grégoire le Grand ? Y a-t-il eu
dans toute la durée de l'Eglise des papes qui
aient eu une plus grande autorité ?

La tête ne s'est pas développée seule ; le corps
a crû dans la même proportion. Le centre a
rayonné vers les extrémités ; une même vie, un
même esprit a animé tous les membres de la
hiérarchie sacrée, et l'édifice, dans toutes ses
parties, s'est élevé majestueux et solide sur la
pierre fondamentale. Les évêques dans leurs
diocèses, et les pasteurs dans leurs paroisses, ont
tous une grande autorité ; ils cultivent avec soin
la vigne du Seigneur, et lui font produire des
fruits abondants. Voici comment Darras, dans
son Histoire ecclésiastique, caractérise l'action
de l'Eglise à cette époque : « La troisième époque
de l'histoire ecclésiastique s'ouvre au moment
où l'empire d'Occident écroulé laissait la place
à des peuples nouveaux. Des nations placées
jusque là en dehors de la civilisation antique,
isolées du mouvement intellectuel, politique et
religieux imprimé par le christianisme, vont
prendre place sur la scène du monde. L'Eglise
aux yeux des Goths, des Germains et des Francs
présentait le spectacle d'une société à part qui
n'avait pas été vaincue avec la société romaine,
et que les ruines de l'empire n'avaient pas écra-
sée. L'influence de la religion chrétienne ne fit
que s'accroitre par ce grand événement politique, et les évêques se trouvèrent tout naturellement placés à la tête du monde nouveau. Ils
le dominèrent par la supériorité divine d'une
hiérarchie, plus forte que toutes les institutions,
plus durable que tous les empires. Les diverses
provinces de l'Occident étaient échues en partage à des barbares dont le nom seul était un
sujet d'effroi pour la race romaine, partout oppri-

mée par ce qu'elle était la plus faible. Entre les vainqueurs et les vaincus, l'Eglise avait à remplir un rôle de protection, de miséricorde et de paix ; elle fut à la hauteur de sa mission. Les papes et les évêques devinrent le lien entre l'élément barbare et les anciennes nationalités. Ils préparèrent la fusion des races ; ils furent les pères de la civilisation moderne. C'est ce travail politique qu'un historien protestant, Gibbon, a peint d'un seul mot quand il dit : « Nos sociétés modernes ont été formées par les évêques, comme une ruche par les abeilles. » A mesure que l'Eglise catholique répandait ses bienfaits, les peuples reconnaissants l'investissaient d'une sorte de toute puissance même temporelle : et c'est ainsi que nous verrons la papauté, au moyen âge, dominer les rois et les peuples, non par aucune usurpation du pouvoir, mais par la suite nécessaire et comme par la logique même des événements (1).»

L'histoire constate donc, qu'au vie siècle, l'Eglise avait prévalu contre les portes de l'enfer, qu'elle avait triomphé de ses ennemis, des idolâtres, des persécuteurs et des hérétiques, et qu'elle avait acquis une grande prépondérance.

Le pouvoir spirituel du Christ était donc établi : *Nunc facta est potestas Christi.*

Son pouvoir temporel était aussi affermi, car le Christ inspirait les nations catholiques, il régnait dans la famille. L'immense majorité des familles étaient chrétiennes ; elles vivaient selon l'Evangile. Si quelque grand personnage violait la foi qu'il avait jurée, s'il profanait la sainteté du sacrement qui avait consacré son union, ce n'était pas à l'ignorance de la loi qu'il faut l'imputer, mais à la faiblesse du cœur. Il était rare, du reste, que l'inconduite durât jusqu'à la fin des jours ; les passions se calmaient, la foi

(1) DARRAS, Hist. de l'Eglise, t. XIII, p. 455.

reprenait son empire, et le coupable réparait le scandale qu'il avait donné, en menant une vie pénitente, et en faisant des fondations pieuses.

Enfin le Christ trouva des serviteurs parmi les rois du vIᵉ siècle. Nous avons raconté en détail, plus haut, la conversion de Clovis. Ce prince était chrétien, et il a été le fondateur d'une monarchie chrétienne. Pendant tout son règne, il vécut en parfaite harmonie avec le pouvoir spirituel, lui laissa toute liberté pour le bien, reçut avec docilité ses avis, reconnut ses immunités et ses propriétés, les fit respecter et les augmenta considérablement.

Depuis ce prince, tous les monarques français ont pratiqué la religion, l'ont protégée et se sont honorés du titre de roi très chrétien. Tous n'ont pas été des saints, ils ont eu des faiblesses ; ils n'ont pas réglé toutes leurs actions d'après les maximes de l'Evangile ; ils ont pu être violents, égoïstes, injustes même ; mais nul n'a persécuté la foi, tous sont morts dans la communion de l'Eglise, et leurs erreurs passagères n'ont pas influé sur les lois, sur les institutions, sur l'esprit général de la monarchie qui s'est toujours inspirée des lumières de l'Evangile.

L'histoire dit donc qu'au vIᵉ siècle, l'Eglise avait remporté bien des victoires sur Satan ; qu'elle lui avait enlevé son plus grand appui, l'empire romain ; qu'elle avait désarmé les persécuteurs, combattu les hérésies, substitué le culte du vrai Dieu au culte des idoles, et remplacé la civilisation païenne par la civisation chrétienne ; qu'elle avait établi sur la terre la puissance du Christ en fondant le pouvoir pontifical et sacerdotal et en christianisant la famille et la royauté.

Elle dit, en même temps, que l'Eglise a obtenu ce résultat par son zèle et son courage à prêcher l'Evangile et par les mérites du sang de l'Agneau, non en versant le sang de ses ennemis, mais en ne craignant pas de mourir pour attester sa foi : *Et j'entendais une grande voix dans le ciel, disant : Maintenant le salut de notre Dieu est affermi, et sa puissance et son règne, et la puissance de son Christ : parce que l'accusateur de nos frères, qui les accusait jour et nuit devant notre Dieu, a été précipité, et ils l'ont vaincu par le sang de l'agneau, et par le témoignage qu'ils ont rendu à sa parole, et ils ont méprisé leur vie jusqu'à souffrir la mort.*

D'ailleurs, saint Michel, affirmant dans le texte que nous venons de citer, que le triomphe de l'Eglise arriva lorsqu'il terrassa le dragon au sacre de l'*enfant mâle*, nous pouvons conclure que ces événements s'accomplirent du temps de Clovis, au commencement du vie siècle, et par conséquent que Clovis est l'enfant mâle dont il est question dans ce chapitre.

VIII. 12. — *C'est pourquoi, cieux, réjouissez-vous, et vous qui y habitez. Malheur à la terre et à la mer, parce que le diable est descendu vers vous, plein d'une grande colère, sachant qu'il n'a que peu de temps.*

Saint Michel invite à haute voix les cieux et leurs habitants à célébrer par des chants d'allégresse la chute de Satan et le triomphe de l'Eglise, et à se réjoui_ de l'affermissement du règne de Dieu sur la terre.

Les cieux et ceux qui les habitent désignent toutes les créatures qui remplissent les espaces célestes, les corps et les esprits. Il ne faut pas s'étonner si l'archange convie les corps célestes, comme les esprits, à partager la joie commune.

Saint Jean, au chapitre v, 8-14, nous montre même les corps terrestres s'unissant aux anges et aux vingt-quatre vieillards pour louer l'Agneau d'avoir ouvert le livre des sept sceaux. Saint Paul, dans l'épître aux Romains (1),

(1) viii. 9-22.

dit que les créatures inanimées gémissent de servir à la vanité, et qu'elles désirent leur délivrance. Par ces prosopopées les auteurs sacrés nous apprennent ce que feraient les créatures inanimées, si elles étaient intelligentes. Elles adoreraient leur créateur et ne voudraient servir que lui seul.

Les mauvais anges viennent d'être chassés du ciel, ils ne le souilleront plus de leur présence : *Neque locus inventus est eorum amplius in cœlo.* Ils ne pourront plus se servir des astres pour entraîner les hommes dans l'idolâtrie ; les corps célestes peuvent donc chanter le cantique de délivrance. Les armées célestes qui stationnent sur les astres, le chanteront également, car elles seront délivrées à jamais du mauvais voisinage des légions infernales, qui ne leur laissaient aucun moment de repos, inventant sans cesse de nouveaux stratagèmes pour perdre les hommes, et les accuser devant Dieu. Elles sont trop zélées pour la gloire de leur maître et le salut des âmes pour ne pas se réjouir avec leur chef de la chute de l'ennemi de tout bien. Néanmoins leur joie sera plus grande et leurs acclamations plus puissantes, quand la victoire sera complète et définitive ; quand tous les esprits rebelles seront relégués pour toujours avec les impies dans l'enfer, et que le feu du ciel aura consumé la grande Babylone (1).

En même temps que Michel invite les cieux à se réjouir, il avertit la terre des malheurs qui la menacent.

L'Eglise a chassé Satan de ses temples, l'archange vient de le chasser du ciel ; cette double humiliation ravive sa haine, sa colère est au comble, il brûle de se venger. La forme de dragon aux sept têtes et aux dix cornes qu'il prend, quand il se dresse devant la femme qui va en-

(1) c. XIX, 17.

fanter, indiquent assez la nouvelle tactique qu'il va suivre dans ses attaques contre les chrétiens. Tout d'abord, il a voulu les maintenir dans l'idolâtrie par la corruption des mœurs et les menaces des tyrans (1). Il s'est efforcé surtout de leur ravir la foi par les sophismes des hérétiques. Ces moyens sont usés. L'idolâtrie n'est plus possible ; c'est une erreur trop grossière ; où trouver des tyrans qui feraient mourir dans les tourments les chrétiens qui refuseraient de sacrifier à Jupiter ou à tout autre divinité ? Les rois ont déjà reçu le baptême ou vont le recevoir ! Il n'est pas facile non plus de faire naître une hérésie et lui donner une certaine importance sous le regard d'un pouvoir infaillible qui veille sur la chrétienté ; l'erreur serait condamnée aussitôt qu'elle paraîtrait. D'ailleurs ce ne sont pas quelques apostasies qui pourraient calmer sa rage et satisfaire son orgueil. Il faut que l'Eglise entière disparaisse, qu'elle soit anéantie. Le vieux serpent ne perd donc pas le temps à dresser des embûches à la *femme*, à la mordre au talon ; il abandonne ses ruses et ses séductions, la haine le transforme en dragon violent et cruel, il se précipite pour la dévorer. *Et postquam vidit draco quod projectus esset in terram, persecutus est mulierem que peperit masculum* (13). Il déchaîne contre elle tous les éléments, les tempêtes, le feu, les tremblements de terre, les bêtes fauves, et la décime par les guerres, la famine et la peste. Dieu seul se sert de la rage du dragon, tout en la contenant, pour purifier ses élus et les empêcher de s'endormir au milieu des biens terrestres.

Toutefois, il veut qu'ils connaissent les secrets de sa Providence et les fait avertir par son prophète du redoublement de la colère de leur ennemi. Les fidèles ont recours à leurs armes ha-

(1) II, 14, 15 et 20.

bituelles ; ils assistent en foule aux processions des Rogations, et, peu à peu, le calme renaît dans la nature.

Aux moyens violents Satan joint une puissante institution. Le Christ vient de placer Clovis à la tête des Gaules et lui a remis son sceptre de fer pour protéger son Eglise ; et, lui, suscite l'empire mahométan, lui donne toute sa force (1), et lui inspire sa haine contre le nom chrétien. Il se hâte d'agir, *sachant qu'il n'a que que peu de temps* ; il sait, par le chapitre xx, 1, 2 et 3, qu'il sera enchaîné pendant mille ans, et il ignore le moment où doit commencer sa réclusion. Nous verrons au chapitre xx, et nous avons déjà vu au chapitre ix, 1, que Satan fut lié en 713 ; il eut donc, depuis l'an 496, où il fut précipité du ciel sur la terre, jusqu'à l'an 713, où il fut enfermé dans l'abîme, 217 ans que le texte désigne par un peu de temps. *Malheur à la terre et à la mer, parce que le diable est descendu vers vous, plein d'une grande colère, sachant qu'il n'a que peu de temps.*

(1) xiii, 1 et 2.

CHAPITRE III

ARTICLE PREMIER

MISSION PROVIDENTIELLE DE LA FRANCE

Or, après que le dragon eût vu qu'il avait été précipité sur la terre, il poursuivit la femme qui avait enfanté l'enfant mâle.

—Le dragon hait d'une haine profonde l'épouse du Christ ; mais il hait surtout la *femme* qui a donné naissance à l'*enfant mâle*, la Fille aînée de l'Eglise. Il ne peut lui pardonner d'avoir converti Clovis et d'en avoir fait un roi chrétien. Aussitôt donc qu'il a touché terre, qu'il est remis de sa chute, il la poursuit pour la dévorer. La femme ne peut lutter contre un monstre si terrible. On n'adoucit pas une bête cruelle, on ne l'apprivoise pas, on ne la regarde ni on ne l'écoute. Sa présence glace d'épouvante, on se cache au plus vite, pour ne pas devenir sa proie. C'est le parti que prend la femme de la vision ; elle fuit dans un lieu solitaire pour y chercher une retraite.

Et la femme s'enfuit dans une solitude où elle avait un lieu préparé pour y être nourrie mille deux cent soixante jours. — Est-ce par la fuite sensible, en pressant le pas, que la femme réelle, la femme vivante, l'Eglise se dérobera aux poursuites de Satan, aux attaques de l'esprit qui voit à travers les montagnes, et qui peut parcourir la terre en un instant ? Ce n'est que dans la fuite morale qu'elle trouvera le salut. C'est en repoussant toutes les suggestions de l'esprit tentateur, en rejetant ses offres, en ne l'interrogeant sur rien, en ne l'écoutant jamais, en s'éloignant de ses autels, de ses temples, des réunions mondaines, qu'elle échappera aux griffes et aux dents de ce monstre furieux. Sa vie pauvre, humble, mortifiée ; son amour pour la retraite et l'oraison ; son horreur pour la magie, les sciences occultes et toute superstition, la défendront mieux contre la bête cruelle que les murailles les plus hautes et qu'une marche précipitée.

La fuite de la femme de la vision exprime la fuite morale de l'Eglise qui enfante l'enfant mâle. Si on se rappelle ce qui a été déjà dit sur la piété de l'Eglise des Gaules, sur son zèle pour

arracher la nation franque au culte idolâtrique et l'amener à la foi chrétienne ; sur les
saints si nombreux qui florissaient dans ces
contrées ; sur l'exemple des reines qui quittaient
les splendeurs du trône pour aller mener une
vie pénitente dans les cloîtres ; sur le mouvement extraordinaire qui portait la population
vers la vie cénobitique et monastique, on ne dou-
tera pas qu'au vie siècle, l'Eglise des Gaules ne
fût très opposée au satanisme, et qu'elle ne pos-
sédât à un haut degré l'esprit de retraite, de
recueillement et de mépris du monde ; elle est
poussée dans la solitude par le même esprit qui
conduisit le Sauveur, après son baptême, dans
le désert de la quarantaine : *Ductus est a spiritu in
desertum* (1). Sa fuite marque donc l'esprit qui
l'anime, sa docilité à la grâce, sa piété, sa fidélité.

Sans nul doute, elle dut faire les règlements
les plus sages pour empêcher les païens conver-
tis de retomber dans les erreurs qu'ils avaient
abjurées, et leur inspirer de l'horreur pour celui
qui les avait dominés pendant si longtemps.

Nous trouvons des traces de sa sollicitude
dans les monuments de cette époque. Les canons XLII et LXVIII du concile d'Agde, tenu
l'an 506, porte la peine d'excommunication
contre les magiciens, les devins, les augures,
ceux qui donnent des amulettes, qui pratiquent
le sort des saints.

*XLII. — Et ne id fortasse videatur omissum,
quod maxime fidem catholicæ religionis infestat,
quod aliquanti clerici sive laici student auguriis,
et sub nomine fictæ religionis, quas sortes sanctorum vocant, divinationis scientiam profitentur, aut
quarumcumque scripturarum inspectione permit-
tunt, hoc quicumque clericus vel laicus detectus*

(1) MATH. IV, 1.

*fuerit, vel consulere, vel docere, al Ecclesia habea-
tur extraneus* (1).

*LXVIII. — Quoniam non oportet ministros
altaris aut clericos magos et incantatores esse, aut
facere quæ dicunt, phylactaria, quæ sunt magna
obligamenta animarum, hos autem qui talibus
utuntur, projici ab Ecclesia jussimus* (2).

Le canon XXVI du Concile d'Orléans, tenu
quatre ans plus tard, en 511, renouvelle les
mêmes peines contre les mêmes fautes.

*XXVI. — Si quis clericus, monachus, vel sæcu-
laris divinationem vel sortes, quas mentiuntur
esse sanctorum, quibus umque putaverint intiman-
das cum his qui eis crediderint, ab Ecclesiæ com-
munione pellentur* (3).

Les cérémonies du baptême, telles que les
prescrit le sacramentaire de saint Gélase (4), devaient faire une vive impression sur les catéchumènes, et leur inculquer une grande répul-
sion pour toutes les pratiques sataniques. Ces
cérémonies étaient vraiment majestueuses. Elles
commençaient le troisième dimanche du Ca-
rême et se prolongeaient jusqu'au Samedi-Saint.
Tous les jours, à la messe, on disait des orai-
sons particulières pour attirer la grâce du Seigneur sur ceux qui avaient été jugés dignes de
recevoir le baptême. A la messe du cinquième
dimanche, le diacre annonçait en ces termes la
dernière cérémonie préparatoire au baptême :
« Frères bien-aimés, le terme approche où nos
electi doivent être initiés aux mystères divins.
Que votre dévotion attentive ne leur fasse pas
défaut. Daignez-vous réunir ici *tel jour*, à
l'heure de sexte, afin que par notre ministère et
avec l'aide de Dieu, le démon et ses pompes

(1) Le sort des saints consistait à ouvrir au hasard un livre saint
et à regarder comme un présage de l'avenir les premières paroles que l'on rencontrait en ouvrant le livre.
(2) Ex Concillio Agathensi, Patr. Lat. t. CXXX. col. 405.
(3) Ex concilio Aurelianensi, Patr. Lat. t. cxxx. vol. 408.
(4) An 490.

soient renversés, et que la porte du royaume des cieux se dilate pour recevoir nos nouveaux frères (1). »

Une fois choisis et inscrits, les catéchumènes devaient se présenter à diverses reprises devant les ministres sacrés qui faisaient sur eux de nombreux exorcismes. Enfin, le Samedi-Saint, l'évêque les interrogeait, chacun en particulier, pour savoir s'ils renonçaient à Satan, à ses œuvres, à ses pompes... (2).

La femme fuyant devant le dragon, est donc un heureux symbole de la prudence et de la piété de l'Eglise des Gaules, au vie siècle, de cette épouse fidèle qui ne veut avoir aucune relation avec le tentateur, qui ne l'écoute pas, et qui fuit en toute hâte pour se conserver pure et sainte pour son époux.

II. — *Et la femme s'enfuit dans une solitude où elle avait un lieu préparé par Dieu, pour y être nourrie mille cent soixante jours.*

— La femme dut fuir avec l'enfant mâle : une mère n'abandonne pas son fils. Ils se dirigent vers l'Occident, car l'enfant mâle a reçu le sceptre de fer pour protéger l'Eglise.

Or l'Eglise de la nouvelle loi est occidentale, elle a son siège à Rome ; il lui faut des appuis, des soutiens en Occident.

La France satisfait parfaitement aux exigences du texte. C'est un pays *écarté*, situé à l'extrémité occidentale de l'ancien continent (3) ; *solitaire*, séparée des autres royaumes par des frontières naturelles, le Rhin, les Alpes et les Pyrénées, la Méditerranée et l'Océan, qui en font un camp retranché ; *limitrophe* de l'Italie, il pourra facilement remplir sa mission de protecteur des états pontificaux. Son vaste territoire pourra nourrir une nombreuse population agricole, bien

---

(1) DARR. *Hist.* — Patr. Lat. t. LXXIV, col. 1084, n° 29.
(2) Patr. Lat. t. LXXIV, col. 1076-1113.
(3) Finistère, fin de terre.

suffisante pour faire régner la justice parmi les peuples et leur imposer la paix au besoin.

« Béni soit Dieu de n'avoir pas donné à la noble France ces richesses minérales et *houillères*, comme ils disent, dont il a si richement pourvu le sol anglais ! Des populations entières s'y enseveliraient, nous aurions aussi nos cantons peuplés de véritables brutes. Ses mines, la florissante Angleterre les appelle ses *Indes noires*. Hommes et femmes, pêle-mêle, y travaillent nus. Des enfants grandissent au fond des gouffres sans entendre parler de Dieu. L'esclave païen était moins dégradé que ces enfants de la libre Angleterre.

» Dieu n'a pas voulu que la France pût être seulement tentée de pareilles abominations. L'industrie, le plus dur des maîtres, est forcée en France de borner ses ravages, de laisser à la multitude le sain travail des champs, la saine lumière du jour. Comme un noble pupille qu'on élève pour de grandes choses, Dieu a mis la France également à l'abri des avilissements du travail et des périls de l'oisiveté. Ni frimas qui l'engourdissent, ni chaleurs qui l'énervent ! elle travaille et elle chante, sa main manie la charrue et l'épée... (1) »

La France *est le lieu préparé par Dieu* pour le noble peuple franc, comme la Palestine le fut pour les Juifs ; et Remi, en l'y introduisant après le baptême, aurait pu lui redire, sans y rien changer, les paroles que Moïse adressa à Israël à la veille d'entrer dans la Terre Promise : « Le Seigneur ton Dieu t'introduira dans une terre bonne, terre de ruisseaux d'eaux et de fontaines, dans les champs et les montagnes de laquelle jaillissent des sources de fleuves. Terre de blé, d'orge et de vignes, dans laquelle naissent les figuiers, les grenadiers et les oliviers, terre

(1) Çà et là, L. Veuillot.

d'huile et de miel ; où tu mangeras ton pain sans en manquer jamais, où tu jouiras de l'abondance de toutes choses, dont les pierres sont du fer ; et de ses montagnes on exploite des mines d'airain. Afin que, lorsque tu auras mangé, et que tu te seras rassasié, tu bénisses le Seigneur, ton Dieu, pour la terre excellente qu'il t'a donnée. Aie soin, et prends garde de n'oublier jamais le Seigneur ton Dieu, et de ne point négliger ses préceptes ; de peur qu'après que tu auras mangé, et que tu seras rassasié, que tu auras bâti de belles maisons, et que tu t'y seras établi, et que tu auras eu des troupeaux de bœufs, et des troupeaux de brebis, et une abondance d'argent et d'or et de toutes choses, ton cœur ne s'élève et que tu ne te souviennes plus du Seigneur ton Dieu... et que tu ne dises pas en ton cœur : c'est ma force, et la vigueur de ma main qui m'ont acquis toutes ces choses ; mais que tu te souviennes que c'est le Seigneur, ton Dieu, lui-même qui t'a donné des forces (1)... Mais si, oubliant le Seigneur, ton Dieu, tu suis des dieux étrangers, et que tu les serves et les adores, voici maintenant que je te prédis que tu périras entièrement (2). »

Que la France n'oublie pas les recommandations et les menaces adressées à l'ancien peuple, ni celles que fit Remi à l'enfant mâle, son premier monarque : « Votre postérité gouvernera noblement ce royaume ; elle glorifiera la sainte Église, et héritera de l'empire des Romains. Elle ne cessera de prospérer tant qu'elle suivra la voie de la vérité et de la vertu. Mais la décadence viendra par l'invasion des vices et des mauvaises mœurs. »

Dieu a donc fait le beau pays de France pour la Fille aînée de son Église, pour que ses prêtres, ses religieux et ses nombreux agriculteurs y vivent dans la paix, la piété et le recueille-

(1) Victoire de Tolbiac.
(2) Deut. viii, 7-20.

ment, comme un peuple de solitaires ; et il a donné le sceptre de fer aux monarques français, pour la protéger dans sa foi, son culte, ses temples et ses propriétés.

III. — *Et la femme s'enfuit dans une solitude où elle avait un lieu préparé par Dieu, pour y être nourrie mille deux cent soixante jours.*

Ce texte indique clairement que les rois de France protègeront la Fille ainée de l'Eglise. Et pendant combien de temps la protégeront-ils ? La France et ses rois nourrirent l'Eglise pendant 1260 ans ; car ici un jour est pris pour une année, comme dans Ezéchiel (1) : *Diem pro anno dedi.*

Telle est la mission spéciale que saint Jean assigne ici à la nation française et à ses rois. Ils doivent nourrir l'Eglise pendant 1260 ans, à partir du baptême de Clovis, de 496 jusqu'en 1756. Un peu plus bas, v. 14, le texte ajoute que par le fait on la nourrira 17 ans et demi de plus, de 496 jusque vers le milieu de 1774, depuis le baptême de Clovis jusqu'à la mort de Louis XV : *Et on donna à la femme deux ailes d'un grand aigle, afin qu'elle s'envolât au lieu de sa retraite, où elle est nourrie un temps, deux temps et la moitié d'un temps, hors de la présence du serpent.* Un temps, une année ; deux temps, deux années ; et la moitié d'un temps, la moitié d'une année. « *Ubi alitur per tempus et tempora et dimidium temporis ; id est, per annum, per duos annos, et dimidium annum. Sic tempus pro anno ponitur* (2). »

Une année renferme................ 365 jours
Deux années..................... 730
Et la moitié d'une année........... 182, 5
Les trois années et demie comprennent donc....................... 1277, 5

17 jours, 5, de plus que 1260 jours.

(1) IV, 6.
(2) *Daniel*, IV, 20 et 29. Et VII, 25. CORNEIL.

Du verset 6 et 14, il résulte donc que l'Eglise de France recevra des biens fonds, dont elle jouira depuis 496 jusqu'en 1756 ; qu'elle sera plus ou moins troublée dans ses propriétés pendant les 17 années suivantes, de 1756 jusqu'en 1774, et qu'ensuite elle en sera dépouillée : l'incrédulité détruisant les dons faits par la piété. Il y aura donc, vers la fin du xviiie siècle, une grande révolution dans les croyances de la France, et son roi ne pourra ou ne voudra pas défendre l'Eglise ; on lui arrachera des mains le sceptre de fer, ou il le laissera tomber.

IV. — Il n'est pas nécessaire de faire de longues études d'histoire pour constater l'accomplissement de cette étonnante prophétie, de sa parfaite application à la France. Tout le monde sait que nos pères comprenant, comme saint Paul (1), que quiconque sert à l'autel doit vivre de l'autel, offrirent de bonne heure au clergé des terres pour son entretien et les frais du culte, pour ouvrir des écoles gratuites et nourrir les pauvres. Les moines, de leur côté, défrichèrent des forêts et des terrains incultes, et créérent ainsi de vastes domaines. L'économie, le travail et des dons successifs augmentèrent considérablement ces richesses, et dans peu de siècles, l'Eglise se trouva convenablement dotée. Nos rois et le peuple regardèrent ses propriétés comme sacrées, se firent un honneur et un devoir de les respecter, et rivalisèrent de zèle pour faire des fondations pies. Lorsque, pour la première fois, en 1750, le fisc voulut les imposer, l'assemblée du clergé s'y opposa, en invoquant l'immunité dont elles avaient joui depuis le commencement de la monarchie. Necker évaluait les revenus du clergé de France, y compris la dîme, à plus de cent cinquante millions. Dans la séance du 10 octobre 1789, à l'as-

(1) Corin. ix, 13.

semblée constituante, l'évêque d'Autun donna le même chiffre. Le P. Bonnaud admet cette estimation comme conforme à l'opinion généralement reçue. A la dîme et aux terres joignez les églises, les palais épiscopaux, les presbytères, les couvents, les écoles et les hôpitaux, et vous saurez avec quelle générosité la vieille France dota le culte, et pourvut à l'entretien des œuvres pies.

A l'approche de 1756, son zèle se refroidit. Appauvrie par les guerres, le luxe et la sensualité, elle fait peu de nouvelles fondations ; on pressent même que son gouvernement besogneux ne respectera pas longtemps les anciennes. Sa foi décline, son étoile baisse. Le Christ lui retire en partie les grâces spéciales qu'il lui a accordées pendant 1260 ans, parce qu'elle ne correspond pas à son amour et méconnaît ses bienfaits. Louis XV oublie un peu trop qu'il est le roi très chrétien ; il néglige ses devoirs de pasteur du peuple, et le scandalise par ses adultères. La noblesse, loin de blâmer l'inconduite du prince, la favorise et l'imite. Plusieurs religieux ne vivent pas selon la sainteté de leur état ; un grand nombre de cadets de famille sont entrés dans les ordres pour y jouir de riches bénéfices et de riches abbayes. Le mal est grand ; il augmente tous les jours ; il est temps de chasser les vendeurs du temple.

V. — L'année fatale, 1756, commence ; Satan tressaille d'allégresse. Il pourra enfin satisfaire sa haine et venger son humiliation de Reims. A mesure que Michel, avec les anges protecteurs, s'éloigne, il s'avance à la tête des *sauterelles-scorpions* (1). Il est prêt à commencer l'attaque. Depuis sa sortie de l'abîme, il n'a cessé de la préparer. Il a déjà de nombreuses intelligences dans la place, et il occupe des points stratégiques de première importance. Il a placé autour du

(1) ix, 3.

roi des ministres philosophes, et il a sous la main des volontaires pleins d'audace et d'ardeur : les francs-maçons, les déistes, les athées, les protestants, les jansénistes, les économistes et les parlements.

Ils s'entendent très bien, sans s'être concertés ; un même esprit les anime et les presse ; ils ne veulent plus d'autorité divine, et ils se lèveront comme un seul homme quand on leur donnera pour mot d'ordre : Guerre aux Jésuites.

Anéantir l'Eglise, écraser l'*infâme*, est le principal objectif du *prince de ce monde* : s'il lance d'abord ses légions sur la France, s'il en fait le centre, le foyer incandescent de la révolution universelle, c'est qu'il voit qu'il ne pourra détruire la mère, tant qu'il n'aura pas vaincu et désarmé la Fille aînée. Il combat donc à Paris pour triompher à Rome.

Pour renverser la puissance ecclésiastique il fallait d'abord la priver de ses meilleures troupes, les ordres religieux, et surtout de celui des Jésuites, le plus savant et le plus zélé de tous. « Une fois que nous aurons détruit les Jésuites, nous aurons beau jeu contre l'*infâme*, » écrit Voltaire à Helvétius, en 1761.

Ces deux lignes du coryphée des philosophes, qui a reçu les clefs de l'abîme, nous font connaître le plan infernal. Précisons l'année de l'entrée en campagne. Tous les historiens font remarquer que la guerre contre l'Eglise prit de grandes proportions à partir de 1756. « Une époque lamentable va commencer pour l'Eglise.... Aux attaques isolées va succéder une véritable ligue : avec une entente formidable, elle s'organise et se maintient à l'état de complot permanent. C'est vers l'année 1757 que la correspondance de Voltaire prend ce caractère de violence et d'excitation, cette allure de bataille rangée, dont le mot d'ordre fut : *Ecrasez l'infâme* (1). »

(1) DARRAS. *Hist. de l'Egl.* t. IV, c. V.

« A cette heure de déplorable mémoire, chacun dut choisir son drapeau. Les rangs sont fixés, le but de la guerre avéré, l'ordre d'attaque distribué avec un ensemble effrayant. C'est en présence de cette situation que Clément XIII est élu (1)». D'après Voltaire, c'est vers 1756 qu'a commencée la révolution qui a emporté les Jésuites, comme il l'écrit, en 1768, au marquis de Villevieille : « Mille plumes écrivent et cent mille voix s'élèvent contre les abus et en faveur de la tolérance. Soyez très sûr que la révolution qui s'est faite, depuis environ douze ans (1756), dans les esprits, n'a pas peu servi à chasser les Jésuites de tant d'États, et va bien encourager les princes à frapper l'idole de Rome, qui les faisait trembler tous autrefois. Le peuple est bien sot, et cependant la lumière pénètre jusqu'à lui.»

Ainsi, en 1756, année où finit la mission spéciale de la France, et, par suite, où cesse la protection spéciale que le Christ lui a accordée jusque là, l'impiété prend chez nous un développement extraordinaire. Elle concentre d'abord ses efforts sur la Compagnie de Jésus, et, après huit ans de calomnies et de mensonges, parvient à la faire chasser de France, en 1764, et, bientôt après, de tous les royaumes catholiques de l'Occident.

En 1762, Clément XIII écrivit aux évêques assemblés à Paris, pour leur faire part de la douleur qu'il éprouvait à la vue des attentats contre les Jésuites, pour se plaindre du silence imposé aux défenseurs de l'Église, et de l'atteinte portée à l'autorité du Saint-Siège. A la fin, avec la claire vue qu'il a des événements, le Pape demande aux évêques de représenter au roi « que l'Eglise, ce corps mystique de Jésus-Christ, est cruellement assaillie par les traits de l'ennemi ; que

(1) 6 juillet 1758. LE P. DE RAVIGNAN, CLÉMENT XIII et CLÉMENT XIV. p. 24,

ses ministres sont méprisés ; qu'il est bien à craindre, si l'on ne venge promptement les injures faites à l'Eglise, que le prince des rois de la terre, Jésus-Christ, Seigneur de la gloire, ne les venge lui-même ; qu'en attendant, il n'est point de danger qu'on n'ait à redouter dans le royaume (1). »

Le 9 juin de la même année, le Pape écrivit directement au roi, pour le prier de prendre la défense de la religion et des Jésuites. Mais ce prince, tout à ses plaisirs, ne tint aucun compte de ses prières, ni de ses avertissements.

La Compagnie de Jésus est dissoute en France; les philosophes jubilent : c'est leur heure et la puissance des ténèbres (2). Ils ont secondé de toutes leurs forces la haine de Satan. C'est lui qui les inspire et les mène à l'assaut de ce qu'il y a de plus pur, de plus savant et de plus vertueux. C'est lui qui soulève les passions de ces lettrés et des magistrats, du roi et de ses ministres, et obscurcit leur intelligence au point de croire qu'ils méritent bien de l'humanité, en expulsant les meilleurs éducateurs de la jeunesse, les citoyens les plus dévoués, le plus ferme appui du trône et de l'autel. En voyant avec quelle facilité il a abattu ce grand arbre qui avait jeté de si profondes racines dans notre sol et le couvrait de ses nombreux rameaux, on craint pour l'ordre social tout entier. Qui pourra résister aux violences du dragon, si Dieu ne le musèle ? Et Dieu laisse dépouiller les Jésuites, comme il laissa dépouiller Job, pour accroître leurs mérites, et faire briller leur patience ; il laisse frapper des innocents, pour inspirer une crainte salutaire aux coupables. Au bruit de ces coups, ils comprendront que la cognée est à la racine de l'arbre (3), et qu'il est

_____

(1) CLÉMENT XIII, BULLAR. t. II p. 347.
(2) Luc, XXII, 53.
(3) MATH. III. 10.

temps de faire de dignes fruits de pénitence. Si on traite ainsi le bois vert, quel sera le sort du bois sec ? (1). « *En voyant la religion catholique sur le point de disparaître entièrement de royaume de France*, Clément XIII crie de toutes ses forces pour les éveiller : *car une tempête si violente est venue assaillir l'Eglise, que le temps nous semble proche où le temple du Dieu très-haut ne sera plus qu'un tombeau de ruines*, dit-il, dans la Bulle *Apostolicam*, écrite pour la défense de l'institut des Jésuites, et qu'il adresse à l'épiscopat, en janvier 1765.

Mais le roi et ses ministres sont aveugles, ils ne comprennent pas la leçon de la Providence, ils n'écoutent pas la voix des évêques qui demandent le rétablissement de la Compagnie, ils font lacérer la Bulle, et laissent toute liberté aux philosophes d'attaquer la religion.

Enhardis par un succès si éclatant, assurés de la connivence du gouvernement, ils courent sus aux religieux avec une nouvelle fureur. S'ils ont pu si facilement triompher de l'ordre le plus puissant, les autres leur résisteront peu, et ils vont en finir avec la superstition. Le roi de Prusse les excite au combat, et écrit à Voltaire, le 24 mars 1767, que le moment est très propice pour détruire les corps religieux et abattre l'Eglise. « Ce moment est venu parce que le gouvernement français et celui d'Autriche sont endettés, qu'ils ont épuisé les ressources de l'industrie pour acquitter leurs dettes, sans y parvenir. L'appât des riches abbayes et des couvents bien rentés est séduisant. En leur représentant le mal que les cénobites font à la population de leurs états, ainsi que l'abus du grand nombre de *cucullati* qui remplissent leurs provinces, en même temps que la facilité de payer en partie leurs dettes, en y appliquant les tré-

_____

(1) Luc. xxiii, 31.

sors de ces communautés qui n'ont point de successeurs, je crois qu'on les déterminerait à commencer cette réforme ; et il est à présumer qu'après avoir joui de la sécularisation de quelques bénéfices, leur avidité engloutira successivement le reste. Tout gouvernement qui se déterminera à cette opération sera ami des philosophes et partisan de tous les livres qui attaqueront les superstitions populaires et le faux zèle des hypocrites qui voudraient s'y opposer... Dès que le peuple sera refroidi, les évêques deviendront de petits garçons dont les souverains disposeront par la suite des temps, comme ils voudront. Voilà un petit projet que je soumets à l'examen du patriarche de Ferney. C'est à lui, comme au père des fidèles, de le rectifier et de l'exécuter (1). »

Voltaire répond qu'il trouve digne « d'un grand capitaine l'idée d'attaquer par les moines la superstition christicole. Les moines une fois abolis, l'erreur est exposée au mépris universel (2).»

Les encyclopédistes sont déjà à l'œuvre ; ils n'ont pas besoin qu'on les excite, leur zèle est extrême. Ils ne négligent rien de ce qui peut soulever les passions contre les moines. Tous les jours ce sont de nouvelles inventions pour les ridiculiser et les dépopulariser. Ils inondent la France de pamphlets, de caricatures et de chansons. Mille plumes écrivent, et cent mille voix s'élèvent contre eux, dit Voltaire ; c'est une coalition formidable. Ce n'est pas assez de la haine ; voici le gouvernement qui fait campagne avec eux. En 1767, le roi nomme une commission, qui sous prétexte de réformer les ordres religieux, va chercher les moyens de les détruire. Elle est présidée par Loménie de Brienne, archevêque de Toulouse, qui a le secret des philo-

(1) Œuv. Posth. Fréd. II.
(2) Volt. a Fréd. 5 avril 1767.

sophes et du ministère, et les seconde avec une grande habileté. Tout tombe sous les coups de ce singulier réformateur. « Plus de mille communautés supprimées, dit le P. Prat, des ordres entiers abolis, le trouble introduit dans les autres, des instituts atterrés et bouleversés, les vocations taries, l'état monastique ébranlé jusque dans ses fondements ; voilà ce que la commission avait fait en moins de six ans. Elle se félicita de son ouvrage et obtint du roi un arrêt qui consacrait solennellement de si prompts et de si brillants succès ! Le 1er avril 1773, parut donc un édit qui approuvait tout ce que les commissaires avaient déjà fait et les mesures qu'ils avaient prises pour l'avenir. Or ces mesures ne tendaient à rien moins qu'à éteindre toute piété et toute obéissance dans les ordres religieux, et à les soustraire à la suprême juridiction du Pontife romain (1). »

Quel étrange spectacle ! un prince scandaleux réformant les ordres religieux ! le roi très chrétien usurpant l'autorité du Souverain-Pontife, pour modifier leurs constitutions et leurs vœux ! Depuis dix ans le clan des libres-penseurs et des sectaires le presse d'en finir avec les moines, et de confisquer leurs menses au profit de l'État ; il les réunit aux menses épiscopales, afin que les évêques en emploient les revenus à l'entretien des œuvres pies et des religieux expulsés. En voyant ces mains cupides et éhontées, qui n'osent toucher à la propriété ecclésiastique qu'elles convoitent si fort, et qui serait si nécessaire pour alimenter le trésor qui est à sec, on pense involontairement aux lions qui léchaient les pieds de Daniel dans la fosse de Babylone. Qui donc empêche ce prince besogneux et corrompu de consommer ses desseins sacrilèges ? Pourquoi cette modération, quand on est si peu

(1) Essai sur la destruction des ordres religieux.

scrupuleux ? C'est qu'il est écrit que les monarques français nourriront l'Eglise pendant 1277 ans et demi, du 25 décembre 496 jusqu'au 25 juin 1774 (1). Or Louis XV mourut le 10 mai 1774, quarante-six jours avant le terme marqué par le Prophète.

Ne nous étonnons donc plus qu'il n'ait point dépouillé l'Eglise. Dieu l'a préservé de cet attentat, les dix dernières années de son royaume, malgré tous les efforts de l'enfer et des philosophes. Il a ainsi accompli sans s'en douter, la seconde partie de la prophétie, comme il avait accompli la première. Il est donc un des successeurs de l'*enfant mâle*, et la France *est le lieu préparé par Dieu* (2) où l'on devait nourrir la *femme* pendant 1260 ans, et où, de fait, on l'a nourrie 1277 et demi.

Tant qu'a duré sa mission et celle de ses rois, elle a reçu une protection et des grâces spéciales ; maintenant que cette mission est terminée, elle n'aura que des grâces ordinaires. Comment résistera-t-elle aux forces coalisées des esprits infernaux sortis de l'abîme et des libres-penseurs ? Ses ennemis seront d'autant plus forts qu'elle sera plus coupable. Ils viennent la purifier des souillures de ses enfants et de ses princes, de ses nobles et de ses clercs. Toutefois, ils ne commenceront leur terrible besogne, ils ne dresseront l'échafaud en permanence, ils ne confisqueront les propriétés ecclésiastiques, ils n'exileront et ne fusilleront les prêtres fidèles, que la dix-septième année du règne du roi martyr, parce que le Christ n'oubliera pas qu'elle a nourri ses ministres dix-sept ans de plus qu'il ne l'avait ordonné.

VI. — La mission de la monarchie française finissant en 1774, et saint Jean ne faisant dans ce chapitre aucune allusion aux événements

(1) XII, 14.
(2) XII, 6.

postérieurs, nous n'avons pas à faire ici l'historique de la décomposition morale et religieuse de la France sous le règne de Louis XVI, ni à raconter les excès et les abominations de la Révolution. Nous ferons seulement remarquer qu'au jour des vengeances la justice divine frappe des coups terribles et exige des victimes opimes.

Jamais, dans les temps modernes, le Seigneur n'avait traité aucune nation avec la même rigueur ; il faut remonter à la captivité de Babylone, ou à la ruine de Jérusalem par les Romains, pour trouver quelque chose d'analogue ; preuve que nos rois, comme ceux de Juda, avaient reçu une mission et des grâces spéciales ; leur châtiment est exceptionnel, comme leur vocation.

La France, comme Israël, est une nation élue ; comme Israël elle a saint Michel pour protecteur.

ARTICLE II

SAINT MICHEL PROTECTEUR DE LA FRANCE

— *Et on donna à la femme deux ailes du grand aigle, afin qu'elle s'envolât dans la solitude, en son lieu, où elle est nourrie un temps, deux temps et la moitié d'un temps, hors de la présence du serpent.*

— La femme qui a enfanté l'enfant mâle a beau hâter le pas, sa marche n'est pas assez rapide pour qu'elle puisse gagner de vitesse le dragon qui la poursuit. Elle va être atteinte ; elle sera infailliblement dévorée, si Dieu ne vient à son secours. Mais elle met en lui sa confiance, elle invoque sa protection ; car elle sait que *ceux qui espèrent dans le Seigneur trouveront des forces toujours nouvelles ; ils prendront des ailes d'aigle ; ils courront sans se fatiguer, et ils marcheront sans se lasser* (1). *Et on donna à la femme deux ailes du grand aigle, afin qu'elle s'envolât dans la solitude, en son lieu.*

Le vol de l'aigle est sublime, impétueux ; nul oiseau ne peut voler ni si haut, ni si loin. La femme portée sur les ailes du grand aigle, aura bientôt distancé le dragon. Elle planera majestueusement au haut des airs, elle cherchera *sa retraite*, le *lieu préparé de Dieu* et y fixera sa demeure.

Ce grand aigle qui tire la femme d'embarras, est le même qui vient de terrasser le dragon, et l'empêcher de dévorer l'enfant mâle. Il continue son œuvre ; il a défendu le fils, il défend la mère. Ici le grand symbole est transparent ; derrière le grand aigle, on voit le grand archange. L'emblême est bien choisi : il y a de nombreuses analogies entre le roi des oiseaux et le chef des milices célestes. Ils vivent tous deux dans les cieux ; ils ne descendent sur la terre que lorsque la nécessité les y contraint. L'aigle a l'œil perçant ; il regarde le soleil sans sourciller, et voit sa proie à de très grandes distances ; saint Michel est l'un des sept yeux du Christ, qui surveillent la terre (2).

Il voit la lumière incréée, et ne peut se lasser de la contempler. L'aigle vit longuement, et rajeunit, de temps en temps, ses plumes et ses forces, dit le Psalmiste : *renovabitur ut aquilæ juventus tua* (3). L'ange est immortel ; sa jeunesse ne se flétrira pas. L'aigle hait instinctivement le serpent, fond sur lui du haut des cieux, l'étouffe entre ses griffes et le dévore avec bonheur. Dès le commencement, saint Michel est

(1) ISAIE. XL, 31.
(2) Et ecce in medio throni Agnum stantem.... habentem oculos septem qui sunt septem spiritus Dei missi in omnem terram... Apoc. v. 6.
(3) Ps. c. II, 5.

l'adversaire du Dragon infernal ; il lui fait une guerre implacable, il l'a chassé des cieux, il veut le chasser de la terre, et il ne cessera de le combattre que lorsqu'il l'aura relégué dans l'abime.

L'histoire cite de nombreux exemples de la générosité et de la reconnaissance de l'aigle pour ses bienfaiteurs ; qu'y a-t-il de plus dévoué et de plus fidèle que l'ange gardien ? Enfin l'aigle aime beaucoup ses aiglons ; il les nourrit avec soin, et place leur nid sur la cîme des montagnes, au haut des rochers escarpés, inaccessibles, à l'abri de toute attaque. Saint Michel est plein de zèle et de charité pour les enfants de Dieu, les frères du Christ. Il veille sur eux avec tendresse, et il ne les quitte que lorsqu'il les a mis en lieu sûr, qu'il les a introduits dans les demeures éternelles. L'aigle est donc la vive image de l'Archange ; les deux grandes ailes qu'on donne à la femme de la vision signifient la puissante protection que saint Michel donnera à l'église des Gaules, au moins pendant *les 1260 ans qu'elle doit être nourrie dans son lieu, hors de la présence du serpent.* Jamais il ne l'abandonnera, si elle est docile à ses inspirations. Il semble même que son unique occupation sera de veiller sur elle, de la couvrir de son égide. Il devient, en quelque sorte, la propriété de la femme, puisque c'est à elle qu'on donne les deux ailes du grand aigle, pour la mouvoir à son gré. *Datœ sunt mulieri alœ duœ aquilœ magnœ ut volaret in locum suum.*

II. — Quelque plausible que soit l'interprétation que nous venons de donner, rendons-la plus plausible encore en rapprochant notre texte d'un texte analogue de l'Exode et du Deutéronome.

Lorsque les Hébreux gémissaient sous la tyrannie des Pharaons, Jéhovah vint à leur secours. Comme un aigle excite ses petits à voler en voltigeant au dessus d'eux, ainsi le

Seigneur étend ses ailes sur son peuple et le presse de sortir de la terre de servitude, il le porte sur ses épaules, le guide à travers le désert, l'instruit, le garde comme la prunelle de son œil, et l'établit dans la Terre promise : *Comme un aigle qui provoque ses petits à voler, et vollige sur eux, il a étendu ses ailes, l'a pris et l'a porté sur ses épaules* (1).

Vous avez vu vous même, dit-il à son peuple dans l'Exode, XIX, 4, *ce que j'ai fait aux Egyptiens, de quelle manière je vous ai porté sur des ailes d'aigle, et que je vous ai pris pour moi* : Ainsi les Israélites, fuyant devant le roi d'Egypte, sont portés sur des ailes d'aigle, comme la *Femme* fuyant devant le dragon. Dans les deux cas, ces ailes sont emblématiques, et expriment un secours extérieur que Dieu donne à la femme et à son peuple pour se retirer et vivre en paix dans les lieux qu'il leur a *préparés*. Or, ce secours, pour Israël, est un ange. Le Seigneur lui dit en effet : *Voilà que j'enverrai mon ange, afin qu'il te précède et te garde dans le chemin, et qu'il t'introduise dans le lieu que j'ai préparé* (2). Et cet ange protecteur du peuple de Dieu le dirigea dans le désert, lui fit passer, à pied sec, la mer Rouge et le Jourdain, renversa les murs de Jéricho, mit en fuite les Chananéens, extermina plus tard l'armée de Sennachérib, le défendit contre ses ennemis, et veilla sur lui pendant sa captivité à Babylone. Cet ange gardien d'Israël, c'est Michel, comme le dit Gabriel à Daniel, et comme l'a reconnu toute l'antiquité : *il n'est personne qui m'aide en toutes ces choses, sinon Michel votre prince* (3).

Ainsi les ailes d'aigle qui couvraient Israël étaient l'emblême de la protection que lui accordait saint Michel ; nous sommes donc autorisés

(1) DEUT. XXXII, 11.
(2) Exode, XXIII, 20.
(3) DAN. X. 21.

à conclure que les deux grandes ailes qu'on donne à la Femme pour fuir le dragon symbolisent le puissant secours que le grand archange lui donnera. Il a protégé l'enfant mâle, il protège la mère ; il est donc le protecteur dela France : il veille sur le nouveau peuple, comme il a veillé sur l'ancien. L'histoire, à son tour, va confirmer cette induction tirée du texte sacré.

III. — Marie est la mère et la reine des chrétiens ; néanmoins elle a une tendresse particulière pour sa fille aînée : *Regnum Galliæ, regnum Mariæ.* Notre-Seigneur est le roi des rois, il est avec son Eglise jusqu'à la consommation des siècles ; toutefois il a une prédilection toute particulière pour les rois très chrétiens auxquels il a confié son sceptre de fer pour défendre son Eglise : *Gesta Dei per Francos.*

De même, le prince des armées célestes, saint Michel, commis autrefois à la garde de la Synagogue et qui est maintenant l'ange tutélaire de l'Eglise, veille d'une manière spéciale sur la France, depuis qu'il a terrassé le dragon qui voulait dévorer *l'enfant mâle* et poursuivait la mère. C'est pour donner une preuve sensible de sa double vigilance sur Rome et sur la France, qu'il est apparu au mont Gargan et au mont Tombe, dit un vieil auteur : « La garde et la protection de ce royaume est attribuée à l'archange saint Michel, tour à tour prince de la Synagogue et de l'Eglise... et c'est comme marque de ceci qu'après sa miraculeuse apparition sur la terre de l'Eglise romaine, au mont Gargan d'Apulie, laquelle apparition était la première, Michel a fait sa seconde apparition dans le royaume de France, au lieu nommé Mont-Tombe... (1) »

On peut voir dans les *Acta Sanctorum* (2) le récit de l'apparition au mont Gargan. Il est à remar-

(1) Bolland,, ad Diem XXIX sept..
(2) Repetitio Guillelmi Benedicti... Lugd. 1575, p. 218.

quer qu'elle eut lieu le 8 mai 496, sept mois et demi avant que l'archange ne chassât du ciel et ne précipitât sur la terre le dragon aux sept têtes avec toutes ses légions. Quelques jours après il apparut à l'évêque de la contrée et lui dit : « Je suis Michel, l'archange qui me tiens toujours en présence du Seigneur ; résolu à protéger et à garder ce pays, j'ai voulu donner une marque de ma vigilance et de la surveillance que j'y aurai.»

En prenant possession de l'Italie, quelques mois avant la chute du dragon, Michel veut lui faire comprendre qu'il doit laisser Rome tranquille et aller décharger ailleurs sa colère, s'il ne veut pas s'exposer à quelque nouvelle humiliation (1).

Ce qu'il a fait pour tous les états du Pape, il le fera deux siècles plus tard pour la France, lorsqu'elle sera menacée d'une invasion mahométane. En 709, quand les hordes musulmanes achèvent la conquête du nord de l'Afrique et se préparent à passer en Espagne, et ensuite dans les Gaules pour y détruire la monarchie chrétienne, et soumettre les lis au croissant, saint Michel apparaît à Aubert, évêque d'Avranches, et lui dit de lui construire un oratoire sur le sommet du Mont-Tombe où il désire recevoir un culte particulier.

Situé dans la mer de la Manche, à deux kilomètres environ du rivage, ce mont granitique s'élève au fond de la baie formée par les côtes de Normandie et de la Bretagne, et s'élance, d'une base d'environ 900 mètres de circonférence, jusqu'à 80 mètres au-dessus des flots. Deux fois par jour, à la marée basse, l'île se trouve reliée au littoral normand par la plage méridionale, laissée à sec. Il y avait au haut de ce rocher un dolmen considérable, un autel

(1) Apo. XII, 12.

tombeau, d'où lui venait le nom de *tombe*, dédié au dieu phénicien Bélénus (1).

Le pieux évêque, après trois visions, se met à l'œuvre, renverse avec de grands efforts le dolmen, et un petit enfant, avec son pied gauche, peut seul le précipiter dans l'abîme. En 710, la chapelle est bénite, et on y place des reliques du mont Gargan en Apulie. En 713, le pèlerinage est déjà célèbre. Le pape Constantin offre au nouveau sanctuaire plusieurs reliques insignes, et le roi de France, Childebert II, y vient déposer, en très grande pompe, sa couronne royale aux pieds de l'archange.

La même année, un dragon sorti de la mer porte la désolation en Irlande. Les fontaines où il boit donnent la mort aux hommes et aux troupeaux, et sa terrible haleine empoisonne l'air. L'évêque ordonne plusieurs jours de jeûne, puis convoque tout le peuple pour combattre le fléau et marche en tête de ses ouailles. Dès qu'on aperçut le monstre on lui décocha une une grêle de flèches ; mais elles s'émoussaient contre sa cuirasse, épaisse comme les murailles d'une tour. Ce que voyant, l'évêque implora Michel, prince des anges, vainqueur de Satan, et le dragon, cessant de jeter feu et flammes, ne bougea plus. On approche, le monstre était mort, bien qu'aucun dard n'eût entamé ses impénétrables écailles ; mais sur son cadavre énorme il y avait une petite épée et un bouclier semblable à un jouet.

L'évêque fut averti en songe de rendre ces armes à leur maître légitime et il envoya des émissaires les porter au mont Gargan. Mais leur barque cinglant vers l'Italie, était obstinément refoulée par les vents sur la côte nor-

---

(1) Bel, soleil ; ennus, eau. — Le mont Tombe était voisin de Carnac, enceinte consacrée au démon. Sur une longueur, 1.140 mètres il y a plusieurs rangées de menhirs parallèles, perpendiculaires à la côte.

mande où ils apprirent enfin que saint Michel avait aussi un mont et un sanctuaire. Baldric, archevêque de Dol, au XIIᵉ siècle, et auteur d'une histoire de la première croisade, a laissé une savante dissertation sur ces armes qui furent déposées dans la crypte du mont Saint-Michel.

L'archange ne se contente pas d'empêcher le cruel dragon de ravager l'Irlande, mais il le précipite dans l'abîme, d'où nous l'avons vu sortir en 1713, après y avoir été enfermé pendant mille ans(1). Ainsi, quand le dragon veut dévorer l'*enfant mâle*, Michel le chasse du ciel et le précipite sur la terre ; et quand il dévaste l'Irlande, il le chasse de la terre et le précipite en enfer. Mais il veut que la petite épée et le petit bouclier, dont il s'est servi pour terrasser l'orgueilleux dragon, soient déposés dans le nouveau sanctuaire du Mont-Tombe, comme un trophée de sa victoire et un gage de sa protection sur la France.

Depuis cette époque, nos rois ont regardé la petite armure, comme le palladium du royaume, et se sont fait un devoir d'honorer d'un culte spécial le chef de la milice céleste qu'ils appellent le Prince de l'empire français, *Princeps imperii Galliarum*, et d'aller eux-mêmes ou par leurs représentants visiter son sanctuaire. L'an 800, Charlemagne, au faîte de la puissance et de la gloire, va lui offrir ses humbles hommages, le reconnaître solennellement comme le protecteur spécial de son peuple, fait graver son image sur ses étendards et ordonne, d'après une décision d'un concile tenu à Mayence, qu'on célèbre sa fête dans tous ses Etats. Le peuple imita la piété de ses rois, et se rendit en foule, des provinces les plus éloignées, au Mont-Saint-Michel, pour implorer le secours de l'archange qu'il regardait comme le protecteur spécial de la patrie.

Baronius, dans ses annales ecclésiastiques, dit

(1) Voir le commentaire du c. IX.

que la France reconnaît saint Michel pour protecteur particulier (1). Le cardinal de Bérulle, dans une de ses lettres à Madame Acarie, appelle saint Michel l'*Ange de la France* (2). C'est le sentiment de la plupart des panégyristes de saint Michel, ainsi que des hagiographes ; l'énumération en serait trop longue, nous nous contenterons de nommer la *Vie des Saints* par le P. Giry, et la *Vie des Saints*, par le P. Croiset. « C'est avec raison, dit M. Boudon, que saint Michel passe pour être l'archange tutélaire de la France, comme il l'est de l'Eglise. Les signalés secours que ce royaume a reçus de sa protection, en sont de fortes preuves (3). » Son intervention fut manifeste pendant la période la plus désastreuse de notre histoire, lorsque les Anglais détenaient le tiers de la France, il apparut plusieurs fois à Jeanne d'Arc, et lui enjoignit d'aller au secours du roi et de faire lever le siège d'Orléans. La jeune fille obéit et délivra la ville avec une poignée de soldats.

Les chroniqueurs du temps rapportent qu'au moment où Orléans allait être emporté d'assaut, les Anglais furent visiblement repoussés par le grand archange, qui parut sur le pont de la ville et les mit en déroute. Aussitôt après cette victoire, Charles VII fit peindre sur ses drapeaux l'image de son protecteur, avec ces deux devises tirées de l'Écriture : *Michel, l'un d'entre les premiers princes, est venu à mon secours* (4). *Nul ne m'aide en toutes ces choses, sinon Michel votre prince* (5).

Jeanne conduisit ensuite Charles à Reims à travers un pays occupé par l'ennemi, prit plusieurs places qui étaient sur son passage, et fit enfin sacrer le roi. C'est ainsi que, par l'inter-

(1) Nota ad martyr. 29 sept.
(2) Vie de Mme Acarie, t. 2°, l. v, ch. 2°.
(3) *Dévotion aux neuf chœurs des anges*, ıı Traité, 4° pratique.
(4) Dan. x, 13.
(5) Dan. x, 21.

médiaire d'un faible instrument, saint Michel
sauva la France au jour de ses plus grandes humiliations.

Louis XI, fils et successeur de Charles VII,
hérita de sa confiance et de sa dévotion envers
le grand Archange, visita trois fois son sanctuaire, lui offrit une statue d'or, et établit, en
son honneur, l'ordre des chevaliers de saint
Michel, selon le vœu qu'en avait formé son père.

Dans la guerre contre les Anglais, Michel protège ouvertement la France ; mais que de graces
intérieures ne lui a-t-il pas obtenues, que de
bons offices rendus en secret, que d'obstacles
levés, que de fois n'a-t-il pas refoulé ou enchaîné
les légions infernales qui cherchaient à la troubler où à la corrompre ? Clovis s'est-il douté du
grand combat qu'il soutint contre le dragon aux
sept têtes, qui s'apprêtait à le dévorer après son
baptême ; et s'il ne l'eût terrassé, que serait-il
advenu de notre monarchie? et le royal néophyte
aurait-il résisté aux séductions du tentateur ?
Aurait-t-il vaincu à Tolbiac et à Vouillé ? qui
dira ce qu'il a fait pour nous pendant les treize
siècles de son protectorat ?

Daniel (1) vit en songe les quatre vents du
du ciel combattant sur la grande mer et quatre
grandes bêtes montant de la mer. Ces quatre
vents poussant et amoncellant les flots dans
quatre directions, sont l'image des anges tuté-
laires donnant à chaque peuple son esprit national et le dirigeant selon sa destinée. Or la
France semble être une incarnation du Prince de
la milice céleste. Quand elle se lève au cri de
« Dieu le veut », pour aller conquérir le tombeau
du Christ, et refouler l'impur mahométan, ne
dirait-on pas Michel précipitant dans l'abîme
les anges rebelles en s'écriant : « Qui est comme
Dieu »? Qui lui a inspiré son prosélytisme, sa

(1) VII, 21.

franchise et sa droiture, son esprit chevaleresque et son désintéressement, son amour de la
justice et de la vérité et son zèle pour défendre
les opprimés, si ce n'est le plus généreux et le
plus aimant des archanges ? Si elle eût été toujours fidèle à ses inspirations, qu'elle n'eût pas
été sa gloire et sa stabilité ! Jamais l'ennemi
n'eût franchi ses frontières, jamais l'hérésie
n'eût souillé le sol de la patrie. Elle fût restée
immaculée et libre, comme le sanctuaire de son
protecteur. Lors de l'invasion des Normands,
pendant que tout le pays, au loin, est mis à feu
et à sang, le Mont-Saint-Michel est non seulement respecté, et ses clercs demeurent hors de
toute atteinte, mais le terrible Rollon et ses
successeurs rivalisent de dévotion et de muni-
ficence envers la basilique du glorieux Archange.
Au xve siècle, lorsque les Anglais font la loi en
France, et que leur roi est couronné dans Paris,
le rocher béni de saint Michel demeure une
terre Française, malgré les efforts des armées et
des flottes britanniques pour en arracher le drapeau national. Au siècle suivant, les Protestants tentèrent à plusieurs reprises de s'emparer du Mont-Saint-Michel, pour y arborer, cette
fois, l'étendard de l'hérésie ; mais, toujours repoussés, ils durent renoncer à leur inique en-
treprise ; et le Mont, par un précieux privilège,
est toujours demeuré vierge d'hérésie et de domination étrangère, toujours il est resté catholique et français. De ces faits, et des témoigna-
ges et des textes invoqués dans cet article, nous
inférons que Michel a été pendant longtemps le
protecteur de la France, et que les deux ailes
du grand aigle qui furent données à la *Femme*
pour s'envoler dans la solitude, afin d'y être
nourrie pendant 1277 ans, sont les deux ailes
du grand archange, et le symbole de sa haute
protection pendant le même nombre d'années.
Tant que la France fut fidèle à sa mission, Mi-

chel la protégea d'une manière spéciale, et fit de nombreux miracles, en faveur des pèlerins qui implorèrent son secours (1). Mais quand elle devint révolutionnaire, quand elle dépouilla l'Eglise de ses biens et persécuta les prêtres, il l'abandonna à la fureur de ses cruels tyrans, comme autrefois, il abandonna les Juifs au roi de Babylone pour les châtier de leur idolâtrie. Il quitta même son sanctuaire, onze fois séculaire, comme il avait quitté le temple de Jérusalem, et tout culte cessa pendant soixante-dix ans sur le mont béni. La convention pilla et mutila affreusement la basilique et l'abbaye; toutefois elle conserva une partie des bâtiments où elle enferma, en 1793, 300 prêtres non assermentés, et qui servirent ensuite de maison de réclusion et de correction jusqu'en 1863.

IV. — Saint Michel est-il encore l'ange tutélaire de la France, de cette France qui fait la guerre à Dieu, le chasse de l'école, du prétoire, des hôpitaux, de l'armée; qui proscrit les religieux et asservit les clercs au service militaire ? On pourrait d'abord faire observer que s'il y a une France maçonnique, révolutionnaire, indifférente..... il y a aussi la France catholique, qui obéit au Pape et patronne toutes les bonnes œuvres. Sans recourir à cette distinction, nous répondons affirmativement. Oui, la France est toujours le royaume du Christ, et de sa Mère *Gesta Dei per Francos, Regnum Galliæ regnum Mariæ*), et Michel est toujours son ange gardien : *Datæ sunt mulieri alæ duæ aquilæ magnæ*; *parce que*, dit saint Paul, *les dons et la vocation*

(1) « On peut aller en ce saint lieu pour obtenir toutes sortes de grâces, mais particulièrement pour être délivré des tentations et des attaques des malins esprits, pour y obtenir la pureté du corps et de l'âme, et une force invincible dans les voies du salut. » (Boudon, Dévot. aux neuf chœurs des anges). Les annales du Mont-Saint-Michel sont, en effet, remplies du récit des faveurs et des miracles sans nombre obtenus par l'intercession du grand Archange dans sa basilique privilégiée.

de Dieu sont sans repentir (1). L'apôtre, en cet endroit, applique ce principe aux Juifs déicides, obstinés dans leur révolte, persécuteurs des chrétiens. Ce sont des rameaux brisés, séparés du tronc, à cause de leur incrédulité ; selon l'évangile ils sont ennemis, rejetés ; mais selon l'élection, ils sont très aimés à cause de leurs pères. Dieu aura pitié d'eux, et les sauvera, quand les Gentils auront reçu la foi. Ainsi, quelle que soit l'impiété d'Israël et son hostilité contre l'Eglise, il est toujours le peuple de Dieu, très aimé à cause de son élection. Appliquant, à notre tour, ce raisonnement de l'apôtre à la France incrédule et impie de nos jours, nous pouvons croire, néanmoins, qu'elle est toujours chérie du Christ, de sa sainte Mère et de son ange, parce qu'il l'a choisie pour protéger son Eglise.

En restreignant la question au protectorat de Saint-Michel, deux passages de Daniel confirment admirablement notre conclusion. Au chapitre x, 21, Gabriel dit au saint prophète que dans tout ce qu'il a fait pour délivrer les Juifs de la captivité, ou pour adoucir leurs maux, il n'a trouvé d'aide que dans Michel, leur prince : *Il n'est personne qui m'aide en toutes ces choses, sinon Michel votre prince ;* et au chapitre xii, 1, il lui donne l'assurance, que dans les combats contre l'Antéchrist, Michel défendra les Juifs : *Mais en ce temps-là s'élèvera Michel le grand prince, qui est pour les fils de ton peuple.* Et pourtant les Juifs étaient bien coupables, lorsqu'ils furent menés en captivité à Babylone ; aujourd'hui ils le sont encore davantage, car la religion n'a pas d'ennemis plus acharnés, et Michel leur reste fidèle ! Nous pouvons donc espérer qu'il fera pour la Fille aînée de l'Eglise ce qu'il a fait pour la synagogue. La délaisse-t-il,

(1) Rom, xi, 29.

maintenant qu'elle a rétabli son culte sur sa montagne privilégiée, que de nombreux pèlerins des divers diocèses vont visiter son sanctuaire, et se faire inscrire dans la confrérie érigée en son honneur ? (1)

Ces inductions sont bien puissantes pour nous persuader que saint Michel n'abandonnera pas la Fille aînée de l'Eglise, malgré l'impiété des sectaires qui la gouvernent. Mais ce qui achève de nous en convaincre est la tendresse que ne cesse de prodiguer la sainte Vierge, depuis un demi-siècle. Si la reine des anges combat visiblement pour elle, le Prince de la milice céleste ne viendra-t-il pas la couvrir de son égide ? Indiquons donc sommairement les miracles que la sainte Vierge a opérés en faveur de la France depuis 1830.

V. — Au moment où la franc-maçonnerie se prépare à chasser le vieux roi Charles X du trône de France, la reine des cieux descend pour protéger le royaume : *Regnum Galliæ, regnum Mariæ.*

« Le 19 juillet 1830, elle apparaît à une religieuse de Saint-Vincent-de-Paul, sœur Catherine, née Labouré, debout sur un globe terrestre, car elle est la reine du monde, mais elle verse ses grâces sur la France. Des faisceaux

(1) Mgr Bravard, évêque de Coutances, a rétabli dans l'illustre sanctuaire la Confrérie de l'Archange saint Michel, le 16 oct. 1867; Pie IX l'a enrichie de nombreuses indulgences, le 12 fev. 1869. Cette confrérie a pour but d'honorer les saints anges et particulièrement saint Michel, leur chef, et d'obtenir par leur intercession : 1° Une protection spéciale du ciel sur l'Eglise, sur le souverain Pontife et sur la France ; 2° La grâce d'une bonne mort; 3° La délivrance des âmes du purgatoire. Plusieurs évêques de France se sont faits inscrire dans cette confrérie. « Je vous prie de m'inscrire parmi les membres de la confrérie de Saint-Michel, écrivait au Directeur Mgr Pie, évêque de Poitiers, et j'apprendrai avec plaisir que mon exemple a des imitateurs autour de moi. L'Eglise et la France ont plus besoin que jamais du puissant patronage du saint Archange. J'accepte volontiers le devoir de l'invoquer plus fidèlement chaque jour, comme protecteur de l'Eglise et de notre nation, et comme avocat de mon âme auprès du souverain juge. »

lumineux tombent de ses mains sur la terre, mais avec plus d'abondance sur un point, et une voix dit : Ces rayons sont le symbole des grâces que Marie obtient pour les hommes, et le point vers lequel ils tombent plus abondamment, c'est la France (1). Ce globe que vous voyez, représente le monde entier et particulièrement la France (2). »

L'apparition dit encore : « Mon enfant, les temps sont très mauvais ; des malheurs vont fondre sur la France ; le trône sera renversé, le monde entier sera bouleversé par des malheurs de toute sorte... un moment viendra où le danger sera grand ; on croira tout perdu ; là je serai avec vous, ayez confiance ; vous reconnaîtrez ma visite, la protection de Dieu et celle de saint Vincent sur les deux communautés (3).»

La sainte Vierge ordonne qu'on frappe une médaille représentant fidèlement l'apparition, avec cette inscription ; *O Marie, conçue sans péché, priez pour nous qui avons recours à vous,* et promet de grandes grâces à ceux qui la porteront et qui réciteront la prière. On vendit des millions de cette médaille, et on obtint tant de conversions et tant de guérisons par ce moyen, qu'on l'appela la *médaille miraculeuse.*

A l'envers de la médaille on voit un M portant une croix environnée de douze étoiles et les saints cœurs de Jésus et de Marie. Par ces emblêmes, la sainte Vierge veut rappeler à la France que dans les temps malheureux où elle vit, elle doit faire pénitence, méditer sur la passion, s'unir à la mère des chrétiens, priant au pied de la Croix, et honorer et invoquer les douze Apôtres et les sacrés Cœurs de Jésus et de Marie. Elle veut, en second lieu, lui inspirer une grande confiance en lui montrant que les

(1) Médail. mirac. p. 73.
(2) Ibid. p. 75.
(3) Ibib. 70.

célestes protecteurs qui assistaient la femme revêtue du soleil qui allait enfanter l'enfant mâle, baptiser et sacrer son premier roi, l'assistent encore et ne cesseront de la protéger, si elle est docile à ses inspirations; que la Fille aînée de l'Eglise ne se trouble donc pas, au milieu des révolutions qui l'agitent, si elle fait pénitence et si elle prie, Marie ne l'abandonnera pas (1).

Seize ans plus tard, en 1846, nouvelle apparition aux bergers de la Salette, Maximin et Mélanie. La sainte Vierge leur dit en pleurant : *Si mon peuple ne veut pas se soumettre, je suis forcée de laisser aller le bras de mon Fils. Il est si lourd et si pesant que je ne puis plus le retenir. Depuis le temps que je souffre pour vous autres, si je veux que mon Fils ne vous abandonne pas, je suis chargée de le prier sans cesse. Et vous autres, vous n'en faites pas cas. Vous aurez beau prier, beau faire, jamais vous ne pourrez comprendre la peine que j'ai prise pour vous autres. Sanctifiez le dimanche, ne blasphémez pas..... La récolte se gâtera. S'ils se convertissent, les pierres et les rochers se changeront en monceaux de blé, les pommes de terre se trouveront ensemencées par les terres...(1).»*

Malgré ses infidélités, la France est toujours le *peuple* chéri de la reine du ciel.Quelle ne serait pas sa gloire, sa prospérité et sa richesse, si elle était docile à ses inspirations, et si son gouvernement était religieux ? quand elle oublie un peu trop les enseignements de l'Evangile, les révolutions, la guerre, divers fléaux viennent la rappeler à la sagesse et la châtier de son indifférence et de ses crimes. Mais Marie ne l'abandonne pas ; plus elle est coupable, plus elle intercède pour elle et multiplie ses apparitions et ses miracles pour ranimer sa piété et sa foi.

_____

(1) L'envers de la médaille rappelle le prodige du C. XII, I. Les sacrés cœurs remplacent le soleil et la lune, symboles de Jésus et de Marie, et le M. première lettre de Mulier, femme, la femme qui va enfanter.

(2) Ibid. 32 et 34.

Après les menaces de la Salette, viennent, en 1858, les merveilles de Lourdes et les promesses de Pont-Main, en 1871. Il est manifeste que la sainte Vierge nous protège. Elle fait pour nous plus de prodiges que pour les autres peuples ; nous sommes encore sa nation privilégiée, et ce n'est pas trop présumer de sa tendresse de croire et d'espérer qu'elle continuera de nous protéger pendant les vingt années qui nous séparent de l'avènement de son Fils, comme elle l'a fait pendant les soixante cinq ans écoulés depuis son apparition de 1830. C'est, du reste, ce qu'exprime la médaille miraculeuse ; les grâces qui sortent des mains de la Vierge Immaculée tombent avec plus d'abondance sur la France que sur les autres royaumes. Marie est toujours debout sur le globe terrestre, le pied droit sur la tête du serpent. Elle ne le relèvera que lorsqu'elle l'aura écrasé et qu'elle aura réalisé la promesse faite à nos premiers parents. Le vêtement *blanc aurore* qu'elle portait, quand elle apparut à la sœur Catherine, indique aussi le même dessein. Elle inaugurait, en ce jour, le siècle qui doit précéder l'avènement du Christ régénérateur dont parle le vénérable Grignon de Montfort, dans son traité de la vraie dévotion à la sainte Vierge. Voici les paroles prophétiques de ce pieux serviteur de la reine du ciel.

« C'est par la très sainte Vierge Marie que Jésus-Christ est venu au monde, et c'est aussi, par elle qu'il doit régner dans le monde. Si donc, *comme il est certain*, le règne de Jésus-Christ arrive dans le monde, ce ne sera qu'une suite nécessaire de la connaissance et du règne de la très Sainte Vierge. Marie a produit, avec le Saint-Esprit, la plus grande chose qui a été et sera jamais, qui est un Dieu-Homme, et elle produira conséquemment les plus grandes choses qui seront dans les derniers temps. C'est par

Marie que le salut du monde a commencé, c'est par Marie qu'il doit être consommé..... Marie doit éclater plus que jamais en miséricorde, en force et en grâce, dans ces derniers temps : en miséorde pour les pécheurs ; en force contre les ennemis de Dieu ; en grâce pour animer et soutenir les vaillants soldats et fidèles serviteurs de Jésus-Christ qui combattront pour ses inté- rêts..... Ah ! quand viendra cet heureux temps où la divine Marie sera établie maîtresse et souveraine dans les cœurs, pour les remettre à l'empire de Jésus ?..... Pour lors, des choses merveilleuses arriveront..... quand viendra ce temps heureux, et *ce siècle de Marie*, où les âmes se perdant elles-mêmes dans l'abîme de son intérieur, deviendront des copies vivantes de Marie, pour aimer et glorifier Jésus-Christ » Le P. de Montfort ajoute, en s'adressant au Sauveur : *ut adveniat regnum tuum, adveniat regnum Mariæ.*

Ce siècle de Marie n'est-ce pas le nôtre ? Y a-t-il jamais eu dans la vie de l'Eglise une épo- que où Marie se soit pour ainsi dire prodiguée comme de nos jours ; où elle ait apparu si fré- quemment, où elle ait donné au monde des avertissements si graves et si maternels ; où elle ait opéré des miracles aussi nombreux ; où elle ait répandu des grâces si abondantes ? Ces ap- paritions de la Vierge Immaculée ont ranimé la foi et la piété dans l'Eglise. Le respect hu- main diminue, les pèlerinages se multiplient, tous les sanctuaires de Marie sont ornés, visités; le mois de Marie se répand ; les vierges sont cou- ronnées ; on s'affilie à l'Archiconfrérie de No- tre-Dame des Victoires à Paris ; on éta- blit de toutes parts les congrégations des Enfants de Marie ; on en compte déjà plus de douze cents. Le Pape a plus d'autorité, les pas- teurs et les fidèles lui sont plus soumis. Il a flé- tri le libéralisme et la Franc-maçonnerie, il a

condamné toutes les erreurs modernes et pro-
clamé l'infaillibilité du Pontife... On voit que le
règne de Marie prépare celui de son Fils. Ses
vêtements *blanc aurore* disent assez que l'aurore
brille déjà, et que le soleil ne tardera pas à paraître. Aussi Pie IX, qui connaissait le secret de
la Salette, et qui voyait les grâces extraordinaires répandues sur l'Eglise par la reine du ciel,
dit, dans la bulle de la définition de l'Immaculée Conception, qu'il a la ferme conviction
que la sainte Vierge obtiendra le prochain accomplissement de la promesse du Sauveur : Il
n'y aura qu'un bercail et qu'un pasteur. « *Cer-
tissima spe et omni prorsus fiducia nitimur ut
Beatissima Virgo velit efficere ut sancta mater
Ecclesia, cunctis amotis difficultatibus cunctisque
profligatis erroribus, ubicumque gentium floreat,
ut omnes errantes ad veritatis semitam redeant, ac
fiat unum ovile et unus pastor* (2).

Nous sommes donc dans le siècle de Marie
qui doit précéder le second avènement de son
Fils. Or Marie a inauguré ce siècle en 1830 par
ses apparitions à sœur Catherine, en faisant
frapper à Paris la médaille miraculeuse et en
établissant l'Archiconfrérie de Notre-Dame des
Victoires. Depuis cette époque elle a continué à
apparaître sur divers points de la France, et
d'opérer d'innombrables guérisons et conversions.

L'Eglise de France a répondu à l'appel de la
reine des cieux, a été très sensible à ses faveurs
et a propagé son culte avec un grand zèle. Il faut
donc espérer que Marie la protégera contre les
sectaires impies qui la persécutent ; qu'elle les
convertira, comme le juif Ratisbonne (3) ou le
franc-maçon Léo Taxil (4), ou les fera dispa-

(1) JEAN, x, 16.
(2) Bulle de la défin. de l'Im. Con. 1854.
(3) 1842.
(4) Jogland Pagès.

raître par la peste qui détruira le tiers des habitants de la terre (1). Une fois purgée des libres-penseurs, notre patrie redeviendra le royaume très chrétien, le royaume de Marie, et méritera par sa piété et sa foi que le Christ lui redonne son sceptre de fer pour dominer les nations antichrétiennes, comme il le lui promet dans le chapitre II 18-29 :

Ecris à l'ange de l'église de Thyatire : (2) Voici ce que dit le Fils de Dieu... Je connais tes œuvres, ta foi, ta charité, tes aumônes, ta patience, et tes dernières œuvres plus abondantes que tes premières...(3) Toutefois, ce que vous avez, gardez-le jusqu'à ce que je vienne. Et celui qui aura vaincu, et aura gardé mes œuvres jusqu'à la fin, je lui donnerai puissance sur les nations ; il les gouvernera avec un sceptre de fer, et elles seront brisées comme je l'ai obtenu moi-même de mon Père, et je lui donnerai l'étoile du matin (4).

Si Notre-Seigneur et sa sainte Mère protègent la France, le Prince des armées célestes combattra aussi pour elle. *Deux ailes du grand aigle furent données à la femme afin qu'elle s'envolât dans la solitude, en son lieu.*

A l'appui de ces indications, nous citerons les paroles que le grand Pape régnant adressait aux abbés Bénédictins de France, présentés par le cardinal Pitra le 20 décembre 1886.

« Dans les circonstances actuelles, c'est de la France qu'il faut attendre le secours d'en haut. Aussi tous les jours je prie pour que cette nation, *qui est le cœur de l'Eglise*, revienne aux vraies notions de la liberté chrétienne. Si la France recouvrait un gouvernement qui comprît la liberté de l'Eglise, je me croirais à la veille de ma propre délivrance. Pour cela, il ne serait pas nécessaire d'envoyer des armées à mon secours : l'influence morale de la France suffirait. »

(1) IX, 18. — (2) θυγατερ, fille, à la fille aînée. — (3) Je frapperai de mort les spirites fornicateurs... 20-24. —(4) II, 18-529.

CHAPITRE IV

Malheur à la terre et à la mer, parce que le dia-
ble est descendu vers vous, plein d'une grande co-
lère, sachant qu'il n'a que peu de temps. Or après
que le dragon eût vu qu'il avait été précipité
sur la terre, il poursuivit la femme qui avait en-
fanté l'enfant mâle. Et le dragon s'irrita con-
tre la femme. Mais les deux ailes du grand
aigle furent donnés à la femme, afin qu'elle s'en-
volât dans la solitude, en un lieu, où elle est nour-
rie pendant un temps, et deux temps, et la moitié
d'un temps, hors de la présence du serpent.

I. — Le dragon est très irrité d'avoir été chassé
du ciel et précipité sur la terre. Il est surtout furieux contre la Femme — l'Eglise de France —
qui a été l'occasion de son humiliation ; il la
poursuit, il veut la dévorer. Michel l'arrête et le
tient à distance ; il défend la mère comme il a
défendu le fils, afin qu'elle complète son œuvre,
qu'elle instruise les Francs, qu'elle consolide la
monarchie naissante, et que Clovis achève la
conquête des Gaules et refoule les Visigoths
ariens.

Forcé de ménager la France, Satan tourne sa

fureur contre les autres nations chrétiennes.
*Et le dragon s'irrita contre la femme, et alla faire
la guerre contre les autres fidèles qui gardent les
commandements de Dieu, et qui rendent témoignage à Jésus-Christ.*

Satan soulève contre les chrétiens les éléments
et les passions ; jamais époque ne fut plus agitée
et plus malheureuse. Une peste qui dure cinquante ans, dépeuple l'Europe ; les tremblements de terre renversent des cités populeuses ;
les trois quarts d'Antioche disparaissent. Les
Goths, les Hérules, les Lombards, les Impé-
riaux eux-mêmes ravagent tour à tour l'Italie, pillent Rome et détruisent Naples. Les
Vandales, en Afrique, dépouillent les églises et
exilent les évêques et les prêtres ; les Saxons,
encore païens, envahissent l'Angleterre, Chos-
roès met tout à feu et à sang dans l'Asie mi-
neure, prend Jérusalem, amène avec lui vingt
mille captifs de cette ville et enlève la vraie
croix. Les Pontifes romains furent mandés et
retenus captifs à Constantinople... il faut relire
l'histoire de ce siècle pour compléter ce tableau
et se faire une idée des malheurs de ce temps.
Et malgré ces calamités et ces troubles, malgré
ces scandales, l'Eglise poursuit ses conquêtes
et répand parmi les barbares la lumière évangélique.

Satan enrage, sa vieille tactique ne suffit plus
pour faire triompher sa haine ; il faut trouver
de nouvelles combinaisons. Le moment est venu
d'exécuter le plan qu'il médite depuis bien longtemps. Il va opposer à l'association catholique
une formidable association politico-religieuse ;
il va fonder dans l'Orient un grand empire pour
contrebalancer l'influence de la France et des

(1) *Et habent testimonium Jesu Christi*, id est, qui credunt corde
et ore profitentur fidem in Jesum Christum, quasi mundi re-
demptorem et salvatorem : hanc enim fidei professione testimonium perhibent Christo. » *Corn. a L.*

autres royaumes chrétiens qui se forment dans l'Occident.

Et il s'arrêta sur le sable de la mer. — Satan s'arrête à la Mecque, sur les bords de la mer Rouge. Plusieurs motifs le déterminent dans ce choix. L'Arabie a toujours conservé son indépendance ; ni les Perses, ni les Grecs, ni les Romains n'ont pu la soumettre. Les tribus arabes sont aussi nombreuses et aussi mobiles que le sable de leurs rivages, et chacune d'elles se gouverne comme elle l'entend. La nouvelle religion que Satan veut établir dans ce pays ne sera point contrariée par la puissance publique ; elle pourra donc faire aisément des prosélytes sous la tente du nomade, ou au milieu des caravanes ; et le nouvel empire qu'il veut fonder pourra se développer, sans trop d'obstacles, parmi ces petites tribus. Trois religions principales se partagent l'Arabie : le sabéisme, le judaïsme et quelques sectes chrétiennes. Les Jacobites ont deux évêques dans ces contrées et les Nestoriens un seul. L'Islamisme n'aura point à combattre une croyance dominante ; il pourra donc croître et vivre sans trop de difficultés. Il le pourra d'autant mieux qu'il n'est qu'un mélange habilement combiné de toutes ces religions. L'alcoran admet, en effet, le dogme d'un seul Dieu, créateur du ciel et de la terre, servi par les anges et les hommes. L'homme, après sa mort, ira dans le paradis ou dans l'enfer, selon qu'il aura été bon ou méchant, selon qu'il aura pratiqué la vraie foi et gardé les dix commandements du décalogue. Néanmoins il ne peut résister à Dieu qui a tout réglé de toute éternité. Le croyant doit prier cinq fois par jour, jeûner pendant le mois de Ramadan, faire l'aumône, propager la vraie foi, et faire, une fois dans sa vie, le pèlerinage de la Mecque ; il fera sept fois le tour de la Caaba, baisera la pierre noire tombée du ciel, offrira des victimes... Il pourra

épouser quatre femmes et aura autant de con-
cubines qu'il pourra en nourrir... Moïse, Jésus-
Christ, Mahomet sont les prophètes du Très-
Haut... Mahomet est le dernier et le plus grand.
Il n'y a qu'un seul livre de la loi, l'Alcoran ;
qu'un seul chef spirituel et temporel, le prophète. On ne peut adorer les idoles... il y a des
esprits bons et mauvais...

Le premier chapitre du Coran débute ainsi :
« Dieu a un fils, disent les Chrétiens. Loin de lui
ce blasphème. Tout ce qui est dans les cieux et
sur la terre lui appartient. » Le chapitre 112 se
compose de ces seules sentences : « Dis : Dieu
est un ; il est éternel. Il n'a point enfanté et n'a
pas été enfanté. Il n'a point d'égal. »

Ce livre revient à plusieurs reprises sur la divinité du Sauveur, pour la nier ; on sent que le
but principal de son inspirateur est de faire
descendre Notre-Seigneur de son trône divin,
tout en le proclamant le plus sage des hommes.

Le Coran contient beaucoup de passages des
Livres saints et de l'Evangile : tout cela était bien
propre à lui concilier l'estime des sectes qui vivaient dans l'Arabie. Mais il ne pouvait maintenir le culte des idoles en présence de la lumière
évangélique ; l'idolâtrie fut donc sacrifiée et les
idoles détruites. Néanmoins le temple des idoles
fut conservé à cause de son antiquité et de
sa célébrité dans toute l'Arabie. Les Arabes
croyaient que la Caaba avait été bâtie par Abraham. A côté, vers le nord, est le tombeau de leur
père Ismaël ; et, du côté sud, on peut vénérer
la pierre noire tombée du ciel, qui est incrustée
dans la muraille du temple. La Caaba est pour
le mahométan ce que le temple est pour le juif ;
il doit se tourner, lorsqu'il prie, vers la ville
sainte de la Mecque, comme l'israélite se tour-
nait vers Jérusalem. L'Islamisme n'est donc que
le déisme, avec quelques pratiques païennes et
les mœurs patriarcales. Aussi fut-il bien ac-

cueilli par les païens et par les sectes qui niaient la divinité de Jésus-Christ, ou qui altéraient le mystère de l'Incarnation, tels que les Ariens, les Nestoriens, les Eutychéens. D'un autre côté, la faiblesse de l'Empire, sa lutte avec les rois de Perse, son épuisement, sa désorganisation, sa corruption ne pouvaient que favoriser son développement. Satan choisit donc bien le moment opportun et le lieu le plus favorable pour fonder la nouvelle religion et le nouvel empire : *Et il s'arrêta sur le sable de la mer.*

Son habileté et sa *profondeur* ne paraissent pas moins dans les prescriptions qu'il donne au Prophète de vivre simplement, de faire l'aumône, de jeûner et de prier. Cette apparente austérité, contrebalancera l'éclat des vertus chrétiennes et le crédit des moines et des ascètes, si nombreux et si vénérés dans l'Eglise. La vie sobre, dure, nomade des Arabes, leurs fréquents voyages, leur nature ardente, enthousiaste, étaient tout autant de qualités précieuses qui les prédisposaient à devenir les apôtres de la nouvelle religion. A la Mecque, Satan avait, derrière lui et à ses côtés, les idolâtres de l'Afrique et de l'Asie et de toutes les sectes chrétiennes qui pullulaient en Orient. Il pouvait soulever toutes ces masses, les armer et les jeter sur la chrétienté. La Mecque est donc un lieu admirablement choisi pour préparer et pour fonder l'empire antichrétien, le septième empire satanique.

Afin de mieux saisir l'action de Satan dans la fondation de l'empire musulman, donnons quelques détails sur la vie de Mahomet.

II. — *Mahomet.* Mahomet était un jeune chamelier de la Mecque, de la tribu des Korechs. Il parvint à gagner les bonnes grâces d'une riche veuve, Khadijah, qui l'épousa. Il tombait du mal caduc, son infirmité le rendait taciturne et l'obligeait à dresser sa tente loin de celle de ses compagnons de voyage, pour leur dérober les attaques d'épilepsie dont il souffrait de temps en temps. Lorsqu'il était à la Mecque, il aimait à aller prier à la grotte du mont Héra, voisin de la ville. Son état souffreteux et taciturne le prédisposait à la rêverie et aux visions. De nos jours les magnétiseurs l'auraient choisi pour *medium* ; Satan en fit un spirite. Il se communiqua à lui, l'instruisit, le gagna à sa cause et en fit le premier disciple, le premier apôtre de l'Islamisme.. Il lui dicta, ou plutôt, il lui fit écrire sous son impulsion l'Alcoran ; car Mahomet ne savait ni lire ni écrire. Le nouveau prophète écrivit le livre de la nouvelle loi, peu à peu, par petites sentences, sans plan, selon l'occasion, selon les caprices de l'esprit, comme nos spirites modernes écrivent de magnifiques pages, sans les comprendre, en laissant courir leur plume sur le papier.

« Hareth-ibn-Hicham demanda un jour au prophète : De quelle manière te vient la révélation ? Il répondit : Tantôt je vois un ange, sous la forme humaine, qui me parle ; tantôt j'entends seulement un tintement semblable à celui d'une sonnette (1) et c'est dans cet état que j'éprouve le plus de mal (2) ; quand l'ange me quitte j'en ai appris ce qu'il venait me révéler. » Aïscha raconte : « Le prophète devint lourd toutes les fois que l'ange lui apparut ; pendant le plus grand froid, son front fut baigné de sueur, ses yeux devinrent rouges et parfois il mugit comme un jeune chameau » (3). Zeid-ibn-Thabet rapporte : « Quand la révélation descendit sur le prophète, il devint lourd ; un jour sa cuisse tomba sur la mienne et je n'ai jamais vu de cuisse aussi lourde que celle de l'apôtre de Dieu.... Quelquefois il eut des révélations quand il se trouva

(1) Esprits frappeurs, tables qui frappent avec le pied.
(2) C'est moins intelligible que la parole.
(3) Comme les pythonisses,

sur son chameau, qui alors commençait à trembler tellement qu'on croyait que ses jambes se
briseraient ; mais, dans ces cas, il s'agenouil-
lait ordinairement. Aussi souvent que le prophète eut une révélation, on croyait que son
âme allait le quitter ; il tombait toujours dans
une espèce de défaillance, et avait l'air d'un
homme ivre (1). »

L'esprit qui lui parlait prenait le nom de
l'archange Gabriel, comme les esprits frappeurs,
de nos jours, se donnent pour l'âme de tel ou
tel illustre mort, ou pour tel ou tel ange. Mahomet a toujours dit que l'archange Gabriel lui
faisait connaître les volontés de Dieu, et l'a per-
suadé à tous ses disciples ; rien ne démontre
qu'il fut un imposteur, il semble être convaincu
de ce qu'il affirme. Ses disciples le croient, et lui
obéissent dans tout ce qu'il prescrit, comme à
un envoyé de Dieu. Ses compatriotes, les Coraï-
chites, ne croient pas tout d'abord à sa parole ;
mais ils finissent par le reconnaître comme
prophète. Pour vaincre leur incrédulité, il dut
leur fournir des preuves certaines de sa mission
et de ses relations avec les esprits. Si Mahomet
n'avait pas fait et dit des choses extraordinaires,
jamais il n'aurait pu faire tant de prosélytes, ni
leur inspirer une foi si ardente. Ils étaient étonnés qu'un simple chamelier illettré pût écrire
dans un style si pur, si élégant, si harmonieux,
que le style de l'alcoran. Ils étaient persuadés
que l'homme ne saurait atteindre à une telle
perfection, et qu'il n'y avait qu'un esprit capable d'écrire ainsi. Un si beau langage prouvait
l'origine du livre, et était à leurs yeux un plus
grand miracle que la résurrection d'un mort.
Mahomet en appelle lui-même à ce miracle permanent pour prouver sa mission divine, et défie
tout arabe de composer un seul chapitre com-

(1) Migne, les livres sacrés de toutes les religions, t. I. (Voir le
Coran I et II).

parable à ceux de l'alcoran ; et pourtant, à cette époque, les arabes se piquaient de bien écrire et de bien parler. Le poète Labid abandonna le culte des idoles pour se faire mahométan, à la simple lecture de l'alcoran. Outre la sublimité et la beauté du coran, le prophète donnait en preuve de sa mission ses victoires et le miracle de la lune fendue en deux. Voici comme il parle de ce dernier miracle dans le chapitre LIV, intitulé : *La Lune.* « L'heure approche et la lune s'est fendue ; mais les infidèles à la vue des prodiges, détournent la tête et disent : c'est de la magie. Entraînés par le torrent de leurs passions, ils nient le miracle ; mais tout sera gravé en caractères ineffaçables. » Mahomet dut faire bien d'autres prodiges pour attirer à son parti ses compatriotes et apaiser leur jalousie et leur colère ; car, comme s'en plaignait Notre-Seigneur, lui-même : *Nul n'est prophète dans son pays.* Ceux-ci, du reste, regardaient comme un prodige sa fuite heureuse de la Mecque à Médine, le 16 juillet 622, et la destruction du papyrus qui portait les clauses de la ligue qu'ils avaient formée pour le perdre. Un ver dévora ce papyrus, déposé à Kaaba, excepté la partie qui portait le nom de Dieu.

Mahomet avait une figure agréable et un abord prévenant. Il parlait peu, mais, d'une humeur toujours égale, sa conversation ne manquait ni de charmes, ni de simplicité. Il était obligeant pour ses amis et plein de condescendance pour ses inférieurs. Il était sobre, pieux, humble, libéral et plein de charité pour les malheureux et les faibles. Il donnait à pleines mains, se gardant à peine le nécessaire. Il vivait économiquement pour pouvoir faire des aumônes plus abondantes. Il n'était ni enthousiaste ni trompeur ; c'était un spirite convaincu et docile. Satan avait choisi le plus humble des païens pour en faire le prophète de l'islamisme ;

(1) c. LIV. traduc. de Savari.

il voulait opposer le nouvel apôtre à ceux du Christ et au Christ lui-même.

Mahomet est l'envoyé de Dieu, le plus grand des prophètes et le dernier de tous. Il vient instruire les hommes, leur enseigner la véritable religion, la religion de Noé, d'Abraham, de Moïse, de Jésus-Christ. Il vient délivrer l'humanité de ses erreurs, et purger la terre de toute idolâtrie. Il croit à l'existence d'un Dieu unique, créateur et conservateur de toutes choses. Mais il rejette les mystères de la Sainte Trinité, de l'Incarnation, de la Rédemption. On ne doit adorer ni le Christ, ni rendre un culte à la Vierge, aux saints, aux reliques, aux images. L'âme est immortelle, elle sera récompensée dans le ciel ou punie dans les enfers, selon qu'elle aura été fidèle ou infidèle. Tout est soumis à la prédestination absolue, tout est régi par le destin ; rien n'arrive que ce qui est réglé. La polygamie et le divorce sont permis au musulman. Satan sacrifie les idoles et se montre spiritualiste en conservant le dogme de l'unité de Dieu et de l'immortalité de l'âme ; mais il sait bien que le parfait croyant sera peu spirituel ; que les deux derniers articles de la nouvelle loi, la polygamie et le fatalisme, ôteront tout frein à ses passions, et que sa morale sera sensuelle et bestiale. Il devra jeûner, se purifier, se laver pour prier ; mais sa prière aura peu d'élévation. Que pourra-t-il demander au Père céleste, si ce n'est les biens grossiers de ce monde et les jouissances corporelles de l'autre ? Ses connaissances et ses désirs ne dépassent guère les instincts de la brute. Le mahométisme est un sépulcre blanchi ; l'extérieur a une certaine grandeur, une certaine austérité ; le musulman a une certaine piété, il jeûne, il prie ; mais, encore un coup, une brute pourrait former toutes ses prières et apprécier les biens qu'il demande.

La religion musulmane est admirablement composée pour plaire aux Juifs, aux païens, aux Ariens, aux Nestoriens, aux Pélagiens... qui n'étaient que des partisans de la loi naturelle.

Le chamelier de la Mecque ne l'a point inventée ; il l'a reçue, pièce à pièce, du prince de ce monde, comme Moïse a reçu la loi des mains de Jéhovah ; et lorsqu'il n'a pas su interpréter les points obscurs, ou quand il s'est trouvé dans quelque embarras, il a recouru avec simplicité à son inspirateur, comme le législateur hébreu consultait le Seigneur dans tous les cas douteux et imprévus.

C'est donc le Roi de l'abîme qui est l'inventeur de l'Islamisne ; c'est lui qui l'a révélé à Mahomet, et qui lui a donné toute sa puissance pour le propager par la force des armes, comme nous allons le voir dans le chapitre suivant, après que nous aurons commenté les versets 15 et 16 dont nous n'avons pas encore parlé.

III. — *Le dragon se voyant précipité sur la terre poursuivit la femme qui avait enfanté l'enfant mâle.*

Alors le dragon jeta de sa gueule comme un grand fleuve après la femme, pour l'entraîner par le fleuve.

Mais la terre aida la femme ; elle ouvrit son sein et elle engloutit le fleuve que le dragon avait jeté de sa gueule.

L'Apocalypse, c. XVII, 15, représente les multitudes, les peuples par les eaux de la mer : *Les eaux que tu as vues, sont des peuples, des nations* ; les écrivains comparent souvent les multitudes houleuses aux flots de la mer agités par la tempête. Un fleuve figure assez bien une armée en marche. Le Psalmiste emploie cette image pour peindre le nombre et la violence de ses ennemis : *Si le Seigneur n'eût été au milieu de nous, lorsque les hommes s'insurgeaient contre nous, peut-être que l'eau nous aurait engloutis* (1). Au chapitre VIII, 10, nous avons vu que *l'étoile ardente qui tombe sur la troisième partie des fleuves* n'était que l'hérésiarque Luther, empoisonnant par ses doctrines la troisième partie des nations catholiques de l'Europe.

« *Per hanc aquæ et fluminis parabolam significatur turba et violentia persecutorum, puta exercitus quem submittet Antichristus, ut fideles persequantur et capiant, vel occident. Sic alibi sæpe inundatio aquarum significat acrem tribulationem et persecutionem, ut. Ps. LXVIII, 2 : Salvum me fac Deus quoniam intraverunt aquæ usque ad animam meam... veni in altitudinem maris, et tempestas demersit me. Ita Ticonius, Andreus, Beda, Primas., Ausbertus et Haymo* (2). »

L'eau donc, *comme un fleuve*, que le serpent a lancé contre la femme qui a baptisé l'enfant mâle, pour l'entraîner ou la noyer, est l'emblême de l'armée des sectaires, des multitudes endiablées que Satan lancera sur la France pour la dévaster et la dominer corporellement et spirituellement, pour la forcer à croire ou la faire mourir. Il déteste tous les royaumes chrétiens, il veut les anéantir, mais la monarchie française par-dessus toutes les autres, parce qu'il sait que ses monarques ont reçu le sceptre de fer du Christ pour défendre l'Eglise, et qu'au baptême et au sacre de Clovis il a été chassé du ciel et précipité sur la terre. C'est à Mahomet qu'il a confié le soin de le venger et de propager l'islamisme. Il doit massacrer quiconque refusera d'admettre la nouvelle religion. « Tuez vos ennemis, disait le prophète par son ordre, partout où vous les trouverez, chassez-les du lieu d'où ils vous auront chassés. Le péril de changer de religion est pire que le meurtre, s'ils vous attaquent, baignez-vous dans leur

(1) Ps. CXXIII, 3 et 4.
(2) CORNEL. a L.

sang (1). Il m'a été ordonné, dit-il encore, de
tuer tous les hommes, jusqu'à ce qu'ils con-
fessent qu'il n'y a de Dieu que Dieu, et que
Mahomet est son prophète ; s'ils le font, abste-
nez-vous du meurtre et du pillage. Vous devez
attaquer les villes et les maisons des peuples,
jusqu'à ce qu'ils prient comme ils doivent prier.
La véritable clef du paradis, c'est le glaive. Une
nuit passée sous les armes et dans le camp a
plus de mérite que toutes les œuvres de la piété
et de la dévotion (2). »

Mahomet et les califes, ses successeurs, exécu-
tent avec zèle et bonheur les ordres qu'ils ont
reçus d'exterminer les chrétiens et de les soumettre au Coran. Dans moins d'un siècle, ils ont
brûlé une infinité d'églises, dépeuplé bien des
cités et conquis déjà un vaste empire. « L'univers se trouvait alors dans une des crises les
plus formidables. Maîtres de l'Asie, de l'Egypte,
de l'Afrique, de l'Espagne, les aveugles secta-
teurs de Mahomet allaient naturellement enva-
hir les Gaules ; une fois maîtres des Gaules, rien
ne pouvait plus leur résister, ni l'Italie, divisée
entre les Grecs, les Lombards et les anciens habitants ; ni la Germanie, divisée en une foule
de petits peuples ; ni la Grèce, presque toujours
divisée contre elle-même, et qui se serait vue
enveloppée de toutes parts. L'univers entier allait donc être asservi à l'empire antichrétien de
Mahomet, c'est-à-dire toutes les nations allaient
être asservies à la domination brutale d'une
secte conquérante antichrétienne, toutes les
femmes asservies aux brutales passions de
l'homme, enfin la raison humaine asservie à la
brutale imposture du cimeterre. En un mot le
genre humain tout entier allait devenir ce que
nous voyons que l'Asie et l'Afrique sont deve-
nues, depuis onze siècles, sous l'empire du maho-

(1) Cor. ii.
(2) Sonna. p. 119 ; coran chap. 9, 8, 22.

métisme. Ce malheur de l'humanité était humai-
nement inévitable, si la France n'avait arrêté
les envahisseurs (1). »

Les Sarrasins, maîtres de l'Afrique, passent en
Espagne en 711, font la conquête de toute la contrée, en quelques années, et commencent à franchir les Pyrénées, en 716. Ils pillent et rançonnent
le midi des Gaules, pendant une quinzaine
d'années, et préludent ainsi à la plus formidable
des invasions. En 732, leurs hordes innombrables, suivies des femmes et des enfants, traversent
de nouveau les Pyrénées, sous la conduite d'Ab-
dérame et s'avancent jusqu'à Poitiers, en semant
sur leur passage la dévastation et la mort. Elles
veulent exterminer les populations et prendre
leur place. Mais Charles Martel les rencontre
dans les environs de Tours, leur tue trois cent
soixante-quinze mille combattants (2), pille
leur camp et refoule le reste vers l'Espagne. *Mais
la terre aida la femme ; elle ouvrit son sein, et
elle engloutit le fleuve que le dragon avait lancé
de sa bouche.*

La France préserva ainsi la chrétienté du
joug musulman : *Gesta Dei per Francos.* Il est
bon de remarquer : 1º Que la mémorable victoire de Tours eut lieu, comme plus tard celle
de Lépante, durant le mois d'octobre, le mois
du rosaire ;

2º Qu'une statue miraculeuse de la Vierge,
portée sur une nacelle, aborda à Boulogne-sur-
mer, en 636, l'année même ou le calife Omar,
s'empara de Nazareth et de toute la Judée...

3º Saint-Michel prend possession de son sanctuaire du Mont-Tombe (3), en 710, une année
avant que les Sarrasins passent de l'Afrique en
Espagne, pour aller attaquer la France.

4º Plusieurs auteurs disent que le pape Gré-

(1) Rohrbacher, Hist. univ. 1, 3, l. 51.
(2) Paul diac. l. VI, c. 46 ; Anast. in Greg. II ; Pagi, an 732.
(3) Mont Saint-Michel.

goire II, qui occupa le siège de Rome de 715 à
731, composa et fit chanter le *Salve Regina*,
pour conjurer les malheurs qui menaçaient
l'Eglise. Le même pontife encouragea la France
à repousser l'invasion musulmane et envoya
au duc d'Aquitaine Eudes ou Oden, trois éponges qui avaient servi à essuyer l'autel de saint
Pierre et les vases sacrés. Eudes fit découper ces
trois éponges en petites parcelles, les distribua
à ses soldats, et il assura, dans sa lettre au Pape,
que pas un de ceux qui en étaient munis ne fut
ni tué, ni blessé, dans les combats qu'il livra
aux sarrasins (1).

Nous n'attribuerons pas ces coïncidences au
hasard, mais plutôt à l'action providentielle de
Celui qui a choisi la France pour défendre son
Eglise, et nous y trouverons une nouvelle
preuve que le chapitre XII concerne notre patrie.

(1) ANAST. *in. Greg. II* ; FLODOARD, *in Greg. II.*

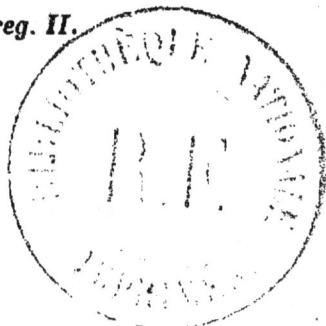

TABLE DES MATIÈRES

COMMENTAIRE

CHAPITRE Ier

CHAPITRE II.

CHAPITRE III.

CHAPITRE IV.

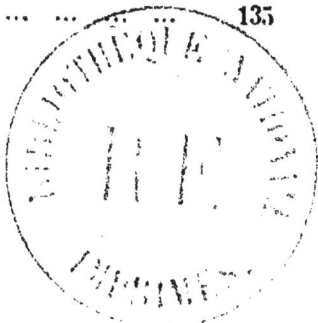

RODEZ, IMPRIMERIE BREVETÉE E. CARRÈRE.

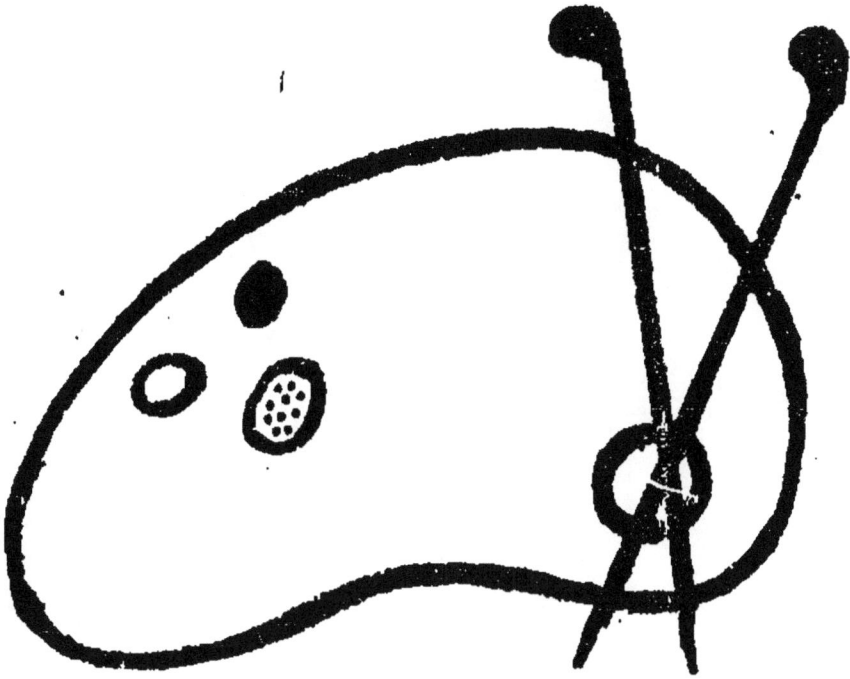

Original en couleur

NF Z 43-120-8